Voyages

ALLEMAND

*guide de conversation
et dictionnaire*

HarperCollins   LAROUSSE

© 1990 HarperCollins *Publishers*
© 1991 Larousse
pour l'édition française
© 1995 Larousse
pour la présente édition
ISBN 2-03-403515-1

INTRODUCTION

Votre guide de conversation Larousse de Poche *Voyages* est un ouvrage pratique et facile à consulter qui vous aidera tout au long de votre séjour à l'étranger. Sa mise en pages claire et son organisation alphabétique vous permettront d'accéder rapidement à l'information recherchée, qu'il s'agisse de vous faire comprendre par un mot ou une phrase, ou de déchiffrer un écriteau ou un menu.

Le guide comprend deux grandes parties :

• 70 thèmes pratiques présentés dans l'ordre alphabétique tels que **ACHATS**, **HÉBERGEMENT**, **RESTAURANT**, **SERVICE D'ÉTAGE** ou **TRANSPORTS**. Sous chaque thème vous trouverez les phrases indispensables pour communiquer en allemand, ainsi qu'une prononciation conçue pour être accessible à chacun, quel que soit son niveau de connaissance de la langue allemande. Vous remarquerez également sous de nombreux thèmes la présence d'une rubrique intitulée 'Mémo', qui rassemble des informations et/ou des conseils pratiques, une aide précieuse avant votre départ comme durant votre voyage.
Si vous avez trouvé la phrase dont vous avez besoin mais qu'il vous manque un mot, reportez-vous au dernier thème, c'est le **VOCABULAIRE** : plus de 1800 mots – avec leur équivalent en allemand – sont là pour répondre aux besoins spécifiques du voyageur.

• Un lexique allemand-français de 4000 mots. Grâce à lui, les panneaux de signalisation, pancartes, menus de restaurant et autres obstacles apparemment infranchissables, mais fréquents, ne seront plus qu'un jeu d'enfant pour vous. En bref, ce mini-dictionnaire vous fera apprécier pleinement la cuisine locale, gagner du temps si vous cherchez votre chemin, et, d'une manière générale, vous aidera en toutes circonstances.

Préparez-vous dès maintenant en jetant un œil sur la **GRAMMAIRE**, l'**ALPHABET** et la **PRONONCIATION** (voir la **LISTE DES THÈMES** page suivante).

Gute Reise!

LISTE DES THÈMES

Mémo

Avant de partir, il est préférable de bien vérifier que vous avez une bonne assurance. Les ambulances doivent être payées immédiatement. Dans la plupart des régions, le numéro d'urgence est le 110 mais ce numéro est inscrit systématiquement dans toutes les cabines téléphoniques sous la dénomination Notruf. Ayez toujours votre passeport sur vous, les formulaires internationaux de la Sécurité sociale ainsi que tous les papiers médicaux pouvant vous concerner. Il existe des centres de premiers secours dans pratiquement toutes les stations-service sur les autoroutes.

Il y a eu un accident	**Ein Unfall ist passiert** *aïn **oun**fal ist pa**ss**îrtt*
Appelez une ambulance/un médecin	**Rufen Sie einen Krankenwagen/einen Arzt** ***ru**fenn zî **aï**nenn **krann**kennv**a**guenn/**aï**nenn artstt*
Je me suis fait mal	**Ich habe mich verletzt** *ich **ha**be mich fèr**lè**tstt*
Elle est gravement blessé	**Sie ist schwer verletzt** *zî ist chvèr fèr**lè**tstt*
Elle saigne	**Sie blutet** *zî **blou**tèt*
Il ne peut pas respirer/bouger	**Er kann nicht atmen/sich nicht bewegen** *èr kann nichtt **aat**menn/zich nichtt bé**vé**guenn*
Je ne peux pas bouger mon bras/ma jambe	**Ich kann meinen Arm/mein Bein nicht bewegen** *ich kann **maï**nenn arm/maïn baïnn nichtt bé**vé**guenn*
Ne le bougez pas	**Bewegen Sie ihn nicht** *bé**vé**guenn zî în nichtt*

Voir aussi **URGENCES**

Mémo

Une assurance responsabilité civile est obligatoire. Il est conseillé d'avoir toujours avec vous la Carte verte internationale que votre assureur vous aura remise avant votre départ. Appelez toujours la police après un accident. Si vous êtes passible d'une contravention, la police allemande a le droit d'en exiger le paiement sur-le-champ.

Je viens d'avoir un accident de voiture	**Ich habe gerade einen Autounfall gehabt** *ich habe guérade aïnenn aoutôounfal guéhapt*
Puis-je voir votre carte d'assurance?	**Kann ich Ihre Versicherungspapiere sehen?** *kann ich îre fèrzichérounkspapîre séhenn*
Nous devons le signaler à la police	**Wir müssen das der Polizei melden** *vîr mussenn dass dèr politsaï mèldenn*
C'est lui qui m'a heurté	**Er ist aufgefahren** *èr ist aoufguéfaarenn*
Il allait trop vite	**Er ist zu schnell gefahren** *èr ist tsou chnèll guéfaarenn*
Elle roulait trop près	**Sie ist zu dicht aufgefahren** *zî ist tsou dicht aoufguéfaarenn*
Il n'a pas respecté la priorité	**Er hat die Vorfahrt nicht beachtet** *èr hat dî forfartt nichtt béaHtètt*
Elle venait de la droite/de la gauche	**Sie kam von rechts/links** *zî kam fonn rèchtss/linnkss*
Le numéro d'immatriculation était...	**Die Autonummer war...** *dî aoutônoummer var...*

Est-ce que vous vendez des timbres?	**Verkaufen Sie Briefmarken?** *fèr**kaou**fenn zî **brîf**markenn*
Combien est-ce que ça coûte?	**Wieviel kostet das?** *vîîl **kost**ett dass*
Avez-vous quelque chose de plus petit/ de plus grand?	**Haben Sie etwas Kleineres/Größeres?** *haabenn zî **ét**vass **klaï**neress/**greu**sseress*
Avez-vous du pain/ des allumettes?	**Haben Sie Brot/Streichhölzer?** *haabenn zî brôôtt/**chtraïch**-heultser*
Je voudrais un journal	**Ich hätte gern eine Zeitung** *ich **hè**tte guèrn **aï**ne **tsaï**toung*
Je voudrais cinq pommes	**Ich hätte gern fünf Äpfel** *ich **hè**tte guèrn funf **ép**fel*
Un paquet de cigarettes, s'il vous plaît	**Eine Schachtel Zigaretten bitte** *aïne **chaH**tèll tsîga**rèt**tenn **bi**tte*
J'aimerais voir la robe qui est en vitrine	**Ich würde gern das Kleid im Schaufenster sehen** *ich **vur**de guèrn dass klaïtt im **chaou**fènnsstèr **sé**henn*
Je prends celui-ci/ celui-là	**Ich nehme das hier/das dort** *ich **né**me dass hîr/dass dortt*
Pouvez-vous me l'envelopper s'il vous plaît?	**Können Sie es mir bitte einpacken?** *keunenn zî èss mîr **bi**tte **aïn**pakenn*
Je crois que vous vous êtes trompé en me rendant la monnaie	**Ich glaube, Sie haben mir falsch herausgegeben** *ich **glaou**be zî **haa**benn mîr falch he**raouss**-gué**gué**benn*

Voir aussi **COURSES, PAYER**

Où enregistre-t-on pour le vol de Munich?	**Wo ist die Abfertigung für den Flug nach München?** *vo ist dî ap*fèrtigoung fur dénn flouk naH **munn**chenn
Je voudrais une place côté couloir/ côté fenêtre	**Ich hätte gern einen Gangplatz/ Fensterplatz** *ich hè*tte guèrn **aï**nnen **gangg**platts/ **fenn**stèrplatts
Est-ce qu'un repas sera servi dans l'avion?	**Wird im Flugzeug ein Essen serviert?** *virt im flouk*tsoïk aïn **è**ssenn zèr**vîrt**
Où est la cafétéria/ la boutique hors taxes?	**Wo ist die Cafeteria/der Duty-free-Shop?** *vô ist dî kafétéri*a/dèr diouti **fri** chop
Où puis-je changer de l'argent?	**Wo kann ich Geld wechseln?** *vô kann ich guèltt* **vèk**zèln
D'où part le bus pour aller en ville?	**Wo fährt der Bus in die Stadt ab?** *vô fèrtt dèr bouss in dî chtatt ap*
Où sont les taxis/ les téléphones?	**Wo sind die Taxis/Telefone?** *vô zinnt dî* **taks**îss/téléfônne
Je voudrais louer une voiture	**Ich möchte gern ein Auto mieten** *ich* **meu**chte guèrn aïn **aou**to mîtenn
Je voudrais réserver une chambre à l'hôtel	**Ich möchte gern ein Hotelzimmer reservieren** *ich* **meu**chte guèrn aïn hô**tèl**tsimer résèr**vî**renn
On vient me chercher	**Ich werde abgeholt** *ich vèrde* **ap**guéhôlt

Mémo

J'ai rendez-vous avec M. Braun	**Ich habe einen Termin mit Herrn Braun** *ich **haa**be **aï**nen tèr**mîn**n mitt hèrn braoun*
Il m'attend	**Er erwartet mich** *èr èr**vaar**tett mich*
Puis-je laisser un message à sa secrétaire?	**Kann ich eine Nachricht für ihn bei seiner Sekretärin hinterlassen?** *kann ich **aï**ne **na**Hricht fur în baï **zaï**nèr sécré**tè**rinn hinnter**la**ssenn*
Je suis libre demain matin/pour déjeuner	**Ich habe morgen früh/zum Mittagessen Zeit** *ich **haa**be **mor**guenn fru/tsoum **mi**tak**è**ssenn tsaïtt*
Voici ma carte de visite	**Hier ist meine Visitenkarte** *hîr ist **maï**ne vî**zî**tenn**kar**te*
Puis-je envoyer une télécopie d'ici?	**Kann ich von hier aus ein Telefax schicken?** *kann ich fonn hîr aouss aïn **té**léfakss **chi**kenn*
Où puis-je faire faire des photocopies?	**Wo kann ich Fotokopien machen lassen?** *vô kann ich **fô**tô**kô**pîenn **ma**Hen **la**ssenn*
Je voudrais envoyer ceci par coursier	**Ich möchte das per Kurier schicken lassen** *ich **meu**chte dass pèr kou**rî**r **chi**kenn **la**ssenn*
Avez-vous un catalogue?	**Haben Sie einen Katalog?** *haa**benn zi **aï**nenn kata**lô**k*
Avez-vous de la documentation?	**Haben Sie Informations-material?** *haa**benn zi innforma**tsyôn**nss-maté**ri**yal*

Quel est le meilleur itinéraire pour aller à… ?	**Wie komme ich am besten nach… ?** *vî **ko**me ich am **bès**tenn naH…*
Combien coûte un billet d'avion pour… ?	**Wieviel kostet ein Flug nach… ?** *vî**fî**l **kos**tett aïn flouk naH…*
Y a-t-il des billets d'avion/de train à tarif réduit?	**Gibt es verbilligte Flüge/Zugfahrten?** *guipt ès fèr**bi**likte **flu**gue/**tsouk**faarttenn*
Quels sont les horaires des trains?	**Zu welchen Zeiten fahren die Züge?** *tsou **vèl**chenn **tsaï**tenn **faa**renn dî **tsu**gue*
Puis-je acheter les billets ici?	**Kann ich hier die Tickets kaufen?** *kann ich hîr dî **ti**kettss **kaou**fenn*
Puis-je changer ma réservation?	**Kann ich umbuchen?** *kann ich **oum**bouHenn*
Pouvez-vous me réserver une place sur le vol pour Londres, s'il vous plaît?	**Können Sie mir bitte einen Platz für den Flug nach London buchen?** *keu**nenn zî mir **bitte aï**nenn plats fur dénn flouk naH **lonn**donn **bou**Henn*
Puis-je rentrer ce soir à Bordeaux par avion?	**Kann ich heute abend nach Bordeaux zurückfliegen?** *kann ich hoïte **a**benntt naH Bordeaux tsou**ruk**-**flî**guenn*
Deux billets aller et retour en deuxième classe pour… , s'il vous plaît	**Zwei Rückfahrkarten zweiter Klasse nach… bitte** *tsvaï **ruk**faarkartenn **tsvaï**tèr **kla**sse naH… **bitte**

L'alphabet allemand est le même que l'alphabet français, mais il existe une lettre supplémentaire qui est le **ß** (*èstsett*), parfois écrit **ss**. Par ailleurs, l'utilisation du tréma ('Umlaut') sur **a**, **o** et **u** modifie la prononciation de ces trois voyelles : **ä** se dit *a oumlaoutt*, **ö** *ô oumlaoutt* et **ü** *ou oumlaoutt* (*voir* **PRONONCIATION**).

A *a*	**wie** *vî*	**Anton** *anntonn*	**N** *èn*	**wie** *vî*	**Nordpol** *nortpôl*
B *bé*	**comme**	**Berta** *bèrta*	**O** *o*	**comme**	**Otto** *ôtô*
C *tsé*		**Caesar** *tsèzar*	**P** *pé*		**Paula** *paoula*
D *dé*		**Dora** *dôra*	**Q** *kou*		**Quelle** *kvèle*
E *é*		**Emil** *émil*	**R** *èr*		**Richard** *richartt*
F *èf*		**Friedrich** *frîdrich*	**S** *èss*		**Siegfried** *zîgfrîtt*
G *gué*		**Gustav** *gousstaf*	**T** *té*		**Theodor** *téodor*
H *haa*		**Heinrich** *haïnrich*	**U** *ou*		**Ulrich** *oulrich*
I *i*		**Ida** *ida*	**V** *faou*		**Victor** *victor*
J *yott*		**Julius** *youlyouss*	**W** *vé*		**Wilhelm** *vilhèlm*
K *ka*		**Konrad** *connratt*	**X** *ikss*		**Xanten** *ksanntenn*
L *èl*		**Ludwig** *loudvich*	**Y** *upsilonn*		
M *èm*		**Martin** *martinn*	**Z** *tsètt*		**Zeppelin** *tsèpelinn*

Mémo

Vous trouverez des pièces de 1, 2, 5, 10 et 50 pfennigs et des pièces de 1, 2 et 5 marks ainsi que des billets de 10, 20, 50, 100, 500 et 1000 marks. Si vous voulez changer de l'argent à la banque, munissez-vous de votre passeport comme pièce d'identité.

Je n'ai pas assez
d'argent

Ich habe nicht genug Geld
*ich **haa**be nicht gué**nouk** guèltt*

Avez-vous de la
monnaie?

Haben Sie Kleingeld?
*haabenn zî **klaïn**guèltt*

Pouvez-vous
changer un billet
de 50 marks?

**Können Sie einen Fünfzigmarkschein
wechseln?**
*keunenn zî **aï**nenn **funf**tsik**mark**chaïn **vèk**seln*

Je voudrais changer
ces chèques de
voyage

**Ich möchte gern diese Reiseschecks
einlösen**
*ich **meuch**te guèrn **dî**ze **raï**ze-chèkss
aïnleuzenn*

Je voudrais changer
des francs en marks

**Ich möchte gern Franc in D-Mark
wechseln**
*ich **meuch**te guèrn frannk inn **dé**mark **vèk**seln*

Quel est le cours du
franc?

Wie steht der Kurs für den Franc?
vî chtétt dèr kourss fur dén frannk

Est-ce que je peux
obtenir du liquide
avec ma carte de
crédit?

**Kann ich auf meine Kreditkarte Bargeld
bekommen?**
*kann ich aouf **maï**ne kré**ditt**-karte **bar**guèltt
be**ko**mmenn*

Je voudrais transférer
de l'argent de mon
compte

**Ich möchte gern Geld von meinem
Konto überweisen**
*ich **meuch**te guèrn guèltt fonn **maï**nem
konntô uber**vaï**zenn*

Mémo

Vous trouverez toujours une consigne – Gepäckaufbewahrung – *et une consigne automatique* – Schließfach – *dans tous les aéroports et dans toutes les gares.*

Où puis-je faire enregistrer mes bagages?

Wo kann ich mein Gepäck abfertigen lassen?
*vô kann ich maïnn gué**pèk ap**fèrtiguenn **la**ssennn*

Où sont les bagages du vol en provenance de Munich?

Wo ist das Gepäck vom Flug aus München?
*vô ist dass gué**pèk** fom flouk aouss **munn**chenn*

Où sont les bagages du train en provenance de Munich?

Wo ist das Gepäck vom Zug aus München?
*vô ist dass gué**pèk** fom tsouk aouss **munn**chenn*

Nos bagages ne sont pas arrivés

Unser Gepäck ist nicht angekommen
***oun**zèr gué**pèk** ist nichtt **ann**guekomenn*

Ma valise a été abîmée pendant le transport

Mein Koffer wurde beim Transport beschädigt
*maïnn kofer **vour**de baïm tranns**portt** be**ché**diktt*

Où est la consigne?

Wo ist hier die Gepäckaufbewahrung?
*vô ist hîr dî gué**pèk**aoufbé**va**roung*

Est-ce qu'il y a des chariots à bagages?

Gibt es hier Kofferkulis?
*guiptt èss hîr **ko**ferkouliss*

J'ai envoyé mes valises en avance

Ich habe mein Gepäck vorausgeschickt
*ich **haa**be maïn gué**pèk** for**aouss**guéchiktt*

Je ne peux pas ouvrir la consigne automatique

Ich bekomme das Schließfach nicht auf
*ich be**komm**e dass **chlîss**faH nicht aouf*

Mémo

Les boissons les plus appréciées sont la bière et le vin. En semaine, la plupart des bars ferment à 1 heure du matin, cependant les heures d'ouverture varient d'un endroit à l'autre. Si vous avez une petite faim, cherchez les panneaux Imbiß ou Imbißstube. Lorsque vous commandez du café, vous pouvez demander soit une cafetière soit une tasse.

Un café noir, s'il vous plaît
Einen Kaffee ohne Milch bitte
aïnenn kafé ône milch bitte

Un café au lait, s'il vous plaît
Einen Kaffee mit Milch bitte
aïnenn kafé mitt milch bitte

Un décaféiné, s'il vous plaît
Einen Kaffee Hag bitte
aïnenn kafé haak bitte

Deux cafés
Zwei Tassen Kaffee
tsvaï tassenn kafé

Un thé au lait, s'il vous plaît
Tee mit Milch bitte
té mitt milch bitte

Une limonade avec des glaçons
Ein Glas Limonade mit Eis
aïn glass limônade mitt aïss

Une bouteille d'eau minérale
Eine Flasche Mineralwasser
aïne flache minéral-vassèr

Un autre café, s'il vous plaît
Noch einen Kaffee bitte
noH aïnenn kafé bitte

Une bière pression, s'il vous plaît
Ein Bier vom Faß bitte
aïn bîr fomm fass bitte

Avez-vous… ?
Haben Sie… ?
haabenn zî…

Voir aussi **VINS ET ALCOOLS**

Mémo

Les bureaux de poste sont indiqués par un panonceau jaune avec un cor de postillon noir. Ils sont ouverts de 8 h 00 à 18 h 00 en semaine et de 8 h 00 à 12 h 00 le samedi. Les boîtes aux lettres et les cabines téléphoniques sont peintes en jaune. Vous pouvez aussi acheter des timbres dans les kiosques à journaux.

Combien coûte une lettre pour la France?	**Wieviel kostet ein Brief nach Frankreich?** *vîfîl kostett aïn brîf naH frannkraïch*
Je voudrais six timbres pour des cartes postales pour la France	**Ich hätte gern sechs Briefmarken für Ansichtskarten nach Frankreich bitte** *ich hètte guèrn zèks brîfmarkenn fur annzichtskartenn naH frannkraïch bitte*
Douze timbres, s'il vous plaît	**Zwölf Briefmarken bitte** *tsveulf brîfmarkenn bitte*
Je voudrais envoyer un télégramme	**Ich möchte gern ein Telegramm schicken** *ich meuchte guèrn aïn télégramm chikenn*
Quand est-ce que ça arrivera?	**Wann wird es ankommen?** *vann virt èss annkommenn*
Je voudrais envoyer ce paquet	**Ich möchte gern dieses Paket aufgeben** *ich meuchte guèrn dîzess pakètt aoufguébenn*
Je voudrais téléphoner	**Ich möchte gern telefonieren** *ich meuchte guèrn téléfônnîrenn*
Je voudrais retirer de l'argent de mon compte chèque postal	**Ich möchte gern Geld von meinem Postscheckkonto abheben** *ich meuchte guèrn guèltt fonn maïnem posttchek-konntô aphébenn*

Voir aussi **TÉLÉPHONE**

Y a-t-il un bus pour… ?	**Fährt hier ein Bus nach… ?** *fèrt hîr aïn bouss naH…*
Quel est le bus qui va à… ?	**Welcher Bus fährt nach… ?** *vèlchèr bouss fèrt naH…*
Où puis-je prendre le bus pour… ?	**Wo fährt der Bus nach… ab?** *vô fèrt dèr bouss naH… ap*
À quelle heure partent les bus pour… ?	**Wann fahren die Busse nach… ab?** *vann faarenn dî bousse naH… ap*
Est-ce que ce bus va à… ?	**Fährt dieser Bus nach… ?** *fèrt dîzer bouss naH…*
Où dois-je descendre?	**Wo muß ich aussteigen?** *vô mouss ich aouss-chtaïguenn*
Y a-t-il des toilettes dans le car?	**Gibt es eine Toilette im Bus?** *guipt èss aïne toilète im bouss*
À quelle heure part le car?	**Um wieviel Uhr fährt der Bus ab?** *oum vîfîl our fèrt dèr bouss ap*
À quelle heure arrive le car?	**Um wieviel Uhr kommt der Bus an?** *oum vîfîl our kommt dèr bouss ann*
Pourriez-vous m'indiquer où je dois descendre?	**Sagen Sie mir bitte, wo ich aussteigen muß** *zaaguenn zî mîr bitte vô ich aouss-chtaïguenn mouss*
Pourriez-vous me laisser descendre ici, s'il vous plaît?	**Lassen Sie mich bitte hier aussteigen** *lassenn zî mich bitte hîr aouss-chtaïguenn*

Voir aussi **TRANSPORTS URBAINS**

CADEAUX ET SOUVENIRS

Où pouvons-nous acheter des souvenirs de la cathédrale?
Wo können wir Souvenirs vom Dom kaufen?
vô keunenn vîr souvenirss fom dôm kaoufenn

Où peut-on acheter des cadeaux près d'ici?
Wo kann man hier in der Nähe Geschenkartikel kaufen?
vô kann mann hîr inn dèr nèe guechènnk-artikel kaoufenn

Je voudrais acheter un cadeau pour mon mari/ma femme
Ich möchte gern ein Geschenk für meinen Mann/meine Frau kaufen
ich meuchte guèrn aïn guechènnk fur maïnenn mann/maïne fraou kaoufenn

Avez-vous quelque chose de typique de cette ville/de cette région?
Haben Sie etwas Typisches von dieser Stadt/Gegend?
haabenn zi èttvass tupichèss fonn dîzèr chtatt/guéguenntt

Est-ce fait main?
Ist das Handarbeit?
isst dass hantarbaït

Avez-vous quelque chose qui conviendrait pour un jeune enfant?
Haben Sie etwas für ein kleines Kind?
haabenn zi èttvass fur aïn klaïnèss kinntt

Je voudrais quelque chose de moins cher
Ich möchte gern etwas Billigeres
ich meuchte guèrn èttvass billigueress

Je voudrais quelque chose de plus cher
Ich möchte gern etwas Teureres
ich meuchte guèrn èttvass toïrérèss

Avez-vous des cartes postales?
Haben Sie Ansichtskarten?
haabenn zî annzichtskartenn

Est-ce que vous pouvez me l'envelopper?
Können Sie es mir bitte einpacken?
keunnen zî èss mîr bitte aïnpakenn

Mémo

Nous cherchons un camping	**Wir suchen einen Campingplatz** *vir **zou**Henn **aï**nenn **kèmm**pinngplats*
Est-ce qu'il vous reste de la place?	**Haben Sie noch freie Plätze?** ***haa**benn zî noH **fraï**e **plè**tse*
C'est combien pour une nuit?	**Wieviel kostet es pro Nacht?** *vî**fîl kos**tett èss prô naHt*
Nous voudrions rester une nuit	**Wir möchten eine Nacht bleiben** *vîr **meuch**tenn **aï**ne naHt **blaï**benn*
Pouvons-nous camper ici?	**Dürfen wir hier campen?** ***dur**fenn vîr hîr **kamm**penn*
Pouvons-nous installer notre caravane ici?	**Können wir unseren Wohnwagen dort hinstellen?** ***keu**nenn vîr **oun**sserenn **vôn**vaguenn dortt **hinn**chtèllenn*
Y a-t-il une boutique/ un restaurant?	**Gibt es einen Laden/ein Restaurant?** *guipt èss **aï**nenn **laa**denn/aïn rèsstô**ran***
Où sont les lavabos?	**Wo ist der Waschraum?** *vô ist dèr **vach**raoum*
Où y a-t-il de l'eau potable?	**Wo gibt es Trinkwasser?** *vô guipt èss **trinnk**vassèr*
Quelles installations avez-vous ici?	**Welche Einrichtungen haben Sie hier?** *vèlche **aïn**richtounguenn **haa**benn zî hîr*

Mémo

Les cartes et les guides peuvent être achetés dans les librairies et les kiosques à journaux. Un plan des rues se trouve généralement affiché au centre-ville.

Où puis-je acheter une carte de la région?	**Wo kann ich eine Landkarte von dieser Gegend kaufen?** *vô kann ich aïne lantkarte fonn dîzèr guéguenntt kaoufenn*
Avez-vous un plan de la ville?	**Haben Sie einen Stadtplan?** *haabenn zî aïnenn chtatplaann*
Je voudrais un plan de la ville	**Ich hätte gern einen Stadtplan** *ich hètte guèrn aïnenn chtatplaann*
J'ai besoin d'une carte routière de…	**Ich brauche eine Straßenkarte von…** *ich braouHe aïne chtrassennkarte fonn…*
Puis-je trouver un plan de la ville au syndicat d'initiative?	**Kann ich im Verkehrsamt einen Stadtplan bekommen?** *kann ich im fèrkèrsamtt aïnenn chtatplaan bekomenn*
Pouvez-vous me le montrer sur la carte, s'il vous plaît?	**Können Sie es mir bitte auf der Karte zeigen?** *keunenn zî èss mîr bitte aouf dèr karte tsaïguenn*
Avez-vous un guide en français?	**Haben Sie einen Reiseführer auf französisch?** *haabenn zî aïnenn raïzefurer aouf franntseuzich*
Avez-vous un guide de la cathédrale?	**Haben Sie einen Führer vom Dom?** *haabenn zî aïnenn furer fom dôm*

0	**null** *noul*	13	**dreizehn** *draïtsenn*	50	**fünfzig** *funnftsik*
1	**eins** *aïnss*	14	**vierzehn** *fîrtsenn*	60	**sechzig** *sechtsik*
2	**zwei** *tsvaï*	15	**fünfzehn** *funnftsenn*	70	**siebzig** *zîbtsik*
3	**drei** *draï*	16	**sechzehn** *zechtsenn*	80	**achtzig** *aHttsik*
4	**vier** *fîr*	17	**siebzehn** *zîbtsenn*	90	**neunzig** *noïntsik*
5	**fünf** *funnf*	18	**achtzehn** *aHttsenn*	100	**hundert** *hounndertt*
6	**sechs** *zèks*	19	**neunzehn** *noïntsenn*	101	**hunderteins** *hounndertt**aïns***
7	**sieben** *zîbenn*	20	**zwanzig** *tsvanntsik*	200	**zweihundert** *tsvaïhounndertt*
8	**acht** *aHt*	21	**einundzwanzig** *aïnounnttsvanntsik*	300	**dreihundert** *draïhounndertt*
9	**neun** *noïn*	22	**zweiundzwanzig** *tsvaïounnttsvanntsik*	500	**fünfhundert** *funnfhounndertt*
10	**zehn** *tsenn*	23	**dreiundzwanzig** *draïounnttsvanntsik*	1000	**tausend** *taouzennt*
11	**elf** *èlf*	30	**dreißig** *draïssik*	2000	**zweitausend** *tsvaïtaouzennt*
12	**zwölf** *tsveulf*	40	**vierzig** *fîrtsik*	1000000	**eine Million** *aïnemilionn*

1er	**erste** *èrste*	5e	**fünfte** *funnfte*	9e	**neunte** *noïnnte*
2e	**zweite** *tsvaïte*	6e	**sechste** *zekste*	10e	**zehnte** *tsennte*
3e	**dritte** *drite*	7e	**siebte** *zîbte*		
4e	**vierte** *fîrte*	8e	**achte** *aHte*		

Je voudrais prendre rendez-vous	**Ich hätte gern einen Termin** *ich **hè**te guèrn a**ï**nenn tèr**mî**nn*
Une coupe avec brushing, s'il vous plaît	**Schneiden und Fönen bitte** *chna**ï**denn ountt **f**eunenn **b**itte*
Un shampooing et une mise en plis	**Waschen und Legen** *va*chen ountt **lé**guenn*
Je voudrais une coupe dégradée	**Ich hätte gern einen Stufenschnitt** *ich **hè**tte guèrn a**ï**nenn chtou**f**ennchnitt*
Ne coupez pas trop court derrière/la frange	**Hinten/Den Pony nicht zu kurz** *hinn*tenn/denn **p**onni nichtt tsou kourtss*
Coupez plus sur le dessus/sur les côtés	**Schneiden Sie oben/an den Seiten mehr weg** *chna**ï**denn zî **ô**benn/ann dénn **za**ï*tenn mér vèk*
J'ai une permanente	**Ich habe eine Dauerwelle** *ich **haa**be a**ï**ne **d**aouèr**v**èlle*
J'ai les cheveux colorés	**Ich habe gefärbte Haare** *ich **haa**be gué**f**èrpte **haa**re*
J'ai les cheveux bouclés	**Meine Haare sind von Natur aus lockig** *ma**ï**ne **haa**re zintt fonn na**tour** aouss **lo**kich*
J'ai les cheveux raides naturellement	**Meine Haare sind von Natur aus glatt** *ma**ï**ne **haa**re zintt fonn na**tour** aouss glatt*
Je voudrais un après-shampooing	**Ich hätte gern eine Spülung** *ich **hè**te guèrn a**ï**ne **ch**puloung*

CONVERSATION

Bonjour!/Salut!	**Guten Tag!/Hallo!** *goutenn taak /halô*
Au revoir!	**Auf Wiedersehen!** *aouf vîderzéhenn*
Parlez-vous français/anglais?	**Sprechen Sie Französisch/Englisch?** *sprèchenn zî franntseuzich/ènnglich*
Je ne parle pas allemand	**Ich spreche kein Deutsch** *ich sprèche kaïn doïtch*
Comment vous appelez-vous?	**Wie heißen Sie?** *vî haïssenn zî*
Je m'appelle…	**Ich heiße…** *ich haïsse…*
Ce siège est-il pris?	**Ist dieser Platz besetzt?** *isst dîzèr plats bézètst*
Je viens de France/de Belgique	**Ich komme aus Frankreich/Belgien** *ich komme aouss frannkraïch/bellguyenn*
Venez-vous d'Allemagne/d'Autriche?	**Kommen Sie aus Deutschland/Österreich?** *kommenn zî aouss doïtchland/eussterraïch*
Voudriez-vous sortir avec moi?	**Hätten Sie Lust, mit mir auszugehen?** *hètenn zî loust mitt mîr aouss-tsou-guéhenn*
Oui, volontiers!	**Ja gern!** *ya guèrn*
Oui, s'il vous plaît!	**Ja bitte!** *ya bitte*
Non, merci!	**Nein danke!** *naïn dannke*

Merci (beaucoup)
Danke (Vielen Dank)
dannke (fîlenn dannk)

Il n'y a pas de quoi
Bitte!
bitte

Excusez-moi!
Entschuldigung!
énntchouldigoung

Je suis ici en vacances
Ich bin hier im Urlaub
ich binn hîr imm ourlaoup

C'est mon premier voyage en…
Das ist meine erste Reise nach…
dass ist maïne èrste raïze naH…

Est-ce que ça vous dérange si je fume?
Macht es Ihnen etwas aus, wenn ich rauche?
maHt èss înenn èttvass aouss venn ich raouHe

Voudriez-vous quelque chose à boire?
Hätten Sie gern etwas zu trinken?
hètenn zî guèrn èttvass tsou trinnkenn

Êtes-vous déjà allé en France?
Waren Sie schon einmal in Frankreich?
varenn zî chôn aïnmal inn frannkraïch

Ça vous a plu?
Hat es Ihnen gefallen?
hatt èss înenn guéfalenn

De quelle région (d'Allemagne) êtes-vous?
Aus welcher Gegend kommen Sie?
aous vèlcher guéguenntt kommenn zî

COORDONNÉES

Mon nom est…	**Ich heiße…**
	*ich **haï**sse*
Je suis né(e) le…	**Mein Geburtsdatum ist der…**
	*maïn **guébourtss**-datoum ist dèr…*
Mon adresse est…	**Meine Anschrift lautet…**
	*maïne **ann**chrift **laou**tett…*
Je viens de France	**Ich komme aus Frankreich**
	*ich **ko**mme aouss **frann**kraïch*
J'habite à…	**Ich wohne in…**
	*ich **vô**ne inn…*
Le numéro de mon passeport/de mon permis de conduire est…	**Meine Paßnummer/ Führerscheinnummer ist…**
	*maïne **pass**-noumèr/**fu**rer-chaïn-**nou**mèr ist…*
Mon groupe sanguin est…	**Ich habe Blutgruppe…**
	*ich **haa**be **bloutt**-groupe…*
Je travaille dans un bureau/à l'usine	**Ich arbeite in einem Büro/einer Fabrik**
	*ich **ar**baïte inn **aï**nem bu**rô**/**aï**ner fa**brik***
Je suis secrétaire/ directeur	**Ich bin Sekretärin/Geschäftsführer**
	*ich binn sékré**tè**rinn/gué**chèfts**-furer*
Je suis ici en vacances	**Ich bin hier im Urlaub**
	*ich binn hîr imm **our**laoupp*
Je suis ici pour affaires	**Ich bin geschäftlich hier**
	*ich binn gué**chèft**lich hîr*
Nous sommes quatre	**Wir sind zu viert**
	vîr zinnt tsou fîrt

Mémo

Où se trouve le quartier commerçant?	**Wo ist hier das Geschäftsviertel?** *vô ist hîr dass gué**chèfts**fîrtèl*
Où sont les grands magasins?	**Wo sind die Kaufhäuser?** *vô zinnt dî **kaouf**hoïzer*
Combien ça coûte?	**Wieviel kostet das?** *vi**fîl kos**tètt dass*
C'est combien le kilo?	**Wieviel kostet das Kilo?** *vi**fîl kos**tètt das **kî**lô*
C'est combien le mètre?	**Wieviel kostet der Meter?** *vi**fîl kos**tètt dèr **mé**ter*
Puis-je l'essayer?	**Kann ich es anprobieren?** *kann ich èss **ann**-probîrenn*
Où se trouve le rayon alimentation?	**Wo ist die Lebensmittelabteilung?** *vô ist dî **lé**bennsmitel-ap**taï**loung*
Je regarde simplement	**Ich schaue mich nur um** *ich **chaou**e mich nour oum*
Puis-je avoir un sac en plastique, s'il vous plaît?	**Kann ich bitte eine Tragetüte haben?** *kann ich **bi**tte **aï**ne **trague**tute **haa**benn*

Voir aussi **ACHATS, PAYER**

DATE ET CALENDRIER

Le combien sommes-nous aujourd'hui?	**Der wievielte ist heute?**	*dèr vîfîlte ist hoïte*
Aujourd'hui, c'est le…	**Heute ist der…**	*hoïte ist dèr…*
le 1er mars	**der erste März**	*dèr erste mèrts*
le 2 juin	**der zweite Juni**	*dèr tsvaïte youni*
Nous arriverons le 29 août	**Wir werden am neunundzwanzig-sten August ankommen**	*vîr vèrdenn am noïnountt-tsvanntsik-stenn aougoustt annkommenn*
1992	**Neunzehnhundert-zweiundneunzig**	*noïntsenn-houndertt-tsvaïountt-noïntsik*
lundi	**Montag**	*monntaak*
mardi	**Dienstag**	*dînnstaak*
mercredi	**Mittwoch**	*mittvoH*
jeudi	**Donnerstag**	*donnèrstaak*
vendredi	**Freitag**	*fraïtaak*
samedi	**Samstag**	*zammstaak*
dimanche	**Sonntag**	*zonntaak*
janvier	**Januar**	*yanouar*
février	**Februar**	*fèbrouar*
mars	**März**	*mèrtss*
avril	**April**	*april*
mai	**Mai**	*maï*
juin	**Juni**	*youni*
juillet	**Juli**	*youli*
août	**August**	*aougoustt*
septembre	**September**	*zèptemmbèr*
octobre	**Oktober**	*oktobèr*
novembre	**November**	*novemmbèr*
décembre	**Dezember**	*détsemmbèr*

Mémo

Si vous voulez consulter un dentiste – Zahnarzt – vous aurez à payer immédiatement les soins qu'il vous aura prodigués. De très nombreux cabinets de dentiste sont fermés le mercredi après-midi. Renseignez-vous auprès de votre centre de Sécurité sociale ainsi qu'auprès de votre mutuelle sur les formulaires nécessaires pour vous faire rembourser. Les soins sont excellents mais très chers.

Je dois voir un dentiste (de toute urgence)
Ich muß (dringend) zum Zahnarzt
*ich mouss (**drinn**guènt) tsoum **tsaann**-artstt*

J'ai mal aux dents
Ich habe Zahnschmerzen
ich haabe tsaanchmèrtsenn

Je me suis cassé une dent
Mir ist ein Zahn abgebrochen
*mîr ist aïn tsaan **ap**-gué**bro**Henn*

J'ai un plombage qui est parti
Eine Füllung ist herausgefallen
aïne fulloung ist héraouss-guéfallenn

Mes gencives saignent/me font mal
Mein Zahnfleisch blutet/tut mir weh
*maïn **tsaan**flaïch **blou**tèt/tout mîr vé*

Mon appareil dentaire a besoin d'être réparé
Mein Gebiß muß repariert werden
*maïn gué**biss** mouss répa**rîrt vèr**denn*

LE DENTISTE PEUT VOUS DIRE :

Ich werde den Zahn ziehen müssen
*ich **vèr**de dénn tsaan tsîhenn **mu**ssenn*
Je dois arracher votre dent

Sie brauchen eine Füllung
*zî **braou**Henn aïne **fu**lloung*
Vous avez besoin d'un plombage

Das kann ein bißchen weh tun
*das kann aîn **biss**chenn **vé** toun*
Ça risque de vous faire un peu mal

Où est le bureau de poste le plus proche?

Wo ist das nächste Postamt?
*vô ist dass **nèks**te postt-amtt*

Comment puis-je me rendre à l'aéroport?

Wie komme ich zum Flughafen?
*vî **ko**mme ich tsoumm **flouk**-hafenn*

Est-ce le bon chemin pour aller à la cathédrale?

Ist das der richtige Weg zum Dom?
*ist dass dèr **rîch**tigue vèk tsoumm dôm*

Je cherche le syndicat d'initiative

Ich suche das Fremdenverkehrsamt
*ich **zou**He dass **frèm**denn-fèr**kèrs**-amtt*

Est-ce que c'est loin à pied/en voiture?

Ist es weit zu Fuß/mit dem Auto?
*ist èss vaït tsou fouss/mitt dém **aou**tô*

Quelle route dois-je prendre pour aller à… ?

Welche Straße führt nach… ?
*vèlche **chtra**sse furt naH…*

Est-ce ici que je tourne pour aller à… ?

Ist das die Abzweigung nach… ?
*ist dass dî **ap**-tsvaïgoung naH…*

Comment est-ce que je peux rejoindre l'autoroute?

Wie komme ich auf die Autobahn?
*vî **ko**mme ich aouf dî **aou**tôbaan*

Je me suis perdu (à pied)

Ich habe mich verlaufen
*ich haabe mich fèr**laou**fenn*

Je me suis perdu (en voiture)

Ich habe mich verfahren
*ich haabe mich fèr**faa**renn*

Pouvez-vous me le montrer sur la carte, s'il vous plaît?

Können Sie mir bitte auf der Karte zeigen?
***keu**nenn zî mîr **bi**tte aouf dèr **kar**te **tsaï**guenn*

DISTRACTIONS

Pouvez-vous me conseiller quelque chose pour les enfants?	**Können Sie mir etwas für die Kinder empfehlen?** *keunenn zî mîr èttvass fur dî kinnder èmmpfélenn*
Que peut-on faire ici le soir?	**Was kann man hier abends unternehmen?** *vass kann mann hîr abenntts ounter-némenn*
Où y a-t-il un cinéma/un théâtre?	**Wo gibt es hier ein Kino/Theater?** *vô guipt èss hîr aïn kînô/téater*
Où peut-on aller au concert?	**Wo gibt es hier ein Konzert?** *vô guipt èss hîr aïn konntsèrtt*
Pouvez-vous prendre les billets pour nous, s'il vous plaît?	**Können Sie bitte für uns die Karten besorgen?** *keunenn zî bitte fur ounss dî kartenn bézorguenn*
Est-ce qu'il y a des boîtes de nuit/des discothèques ici?	**Gibt es hier Nachtclubs/Discos?** *guipt èss hîr naHtcloups/disskôs*
Est-ce qu'il y a une piscine?	**Gibt es hier ein Schwimmbad?** *guîpt èss hîr aïn chvimmbatt*
Est-ce qu'on peut pêcher/faire du cheval?	**Kann man hier angeln/reiten?** *kann mann hîr anng-eln/raïtenn*
Où est-ce qu'on peut faire du tennis?	**Wo kann man hier Tennis spielen?** *vô kann mann hîr tènniss chpîlenn*
Où est-ce qu'on peut faire du golf?	**Wo kann man hier Golf spielen?** *vô kann mann hîr golf chpîlenn*
Est-ce qu'on peut louer le matériel?	**Kann man die Ausrüstung leihen?** *kann mann dî aouss-russtoung laïenn*

Voir aussi **SORTIR LE SOIR, TOURISME**

Je n'ai rien à déclarer	**Ich habe nichts zu verzollen** *ich **haa**be nichtss tsou fèr**tsoll**enn*
J'ai la quantité permise d'alcool/ de tabac	**Ich habe die zollfreie Menge an Alkohol/Tabak** *ich **haa**be dî **tsoll**fraïe **menn**gue ann **al**kôhôl/**ta**bak*
J'ai deux bouteilles de vin/une bouteille d'alcool à déclarer	**Ich habe zwei Flaschen Wein/eine Flasche Branntwein zu verzollen** *ich **haa**be tsvaï **fla**chenn vaïn/aïne **fla**che **brannt**vaïn tsou fèr**tsoll**enn*
Les enfants sont sur ce passeport	**Dieser Paß gilt auch für die Kinder** *d**î**zèr pass guilt aouH fur dî **kinn**der*
J'ai l'intention de rester dans ce pays pendant trois semaines	**Ich werde drei Wochen in diesem Land bleiben** *ich **vèr**de draï **vo**Henn inn d**î**zem lanntt **blaï**benn*
Nous sommes ici pour les vacances	**Wir sind hier im Urlaub** *vîr zinnt hîr imm **our**laoup*
Je suis ici en voyage d'affaires	**Ich bin geschäftlich hier** *ich binn gué**chèft**lich hîr*
J'ai un visa d'entrée	**Ich habe ein Einreisevisum** *ich **haa**be aïn **aïn**raïze-**vi**zoum*
Je suis de passage	**Ich bin auf der Durchreise** *ich binn aouf dèr **dourch**-raïze*

J'ai un petit bébé	**Ich habe ein Baby** *ich haabe aïn bébi*
J'ai deux enfants	**Ich habe zwei Kinder** *ich haabe tsvaï kinnder*
Faites-vous des réductions pour les enfants?	**Gibt es eine Ermäßigung für Kinder?** *guipt èss aïne èrmèssigoung fur kinnder*
Avez-vous des installations/des activités organisées pour les enfants?	**Gibt es hier Einrichtungen/ Veranstaltungen für Kinder?** *guipt èss hîr aïnrich-toungenn/ fèrannchtal-toungenn fur kinnder*
Avez-vous un berceau pour le bébé?	**Haben Sie ein Kinderbett für das Baby?** *haabenn zî aïn kinnderbètt fur dass bébi*
Avez-vous un menu enfant?	**Haben Sie einen Kinderteller?** *haabenn zî aïnenn kinndertèlèr*
Où puis-je donner à manger au bébé/ changer le bébé?	**Wo kann ich das Baby füttern/wickeln?** *vô kann ich dass bébi futtèrn/vikèln*
Où puis-je faire chauffer le biberon?	**Wo kann ich die Babyflasche warm machen?** *vô kann ich dî bébi-flache varm maHenn*
Est-ce qu'il y a une salle de jeu pour les enfants ici?	**Gibt es hier ein Spielzimmer?** *guipt èss hîr aïn chpîltsimer*
Est-ce qu'il y a une garderie?	**Gibt es hier einen Kinderhort?** *guipt èss hîr aïnenn kinnder-hortt*

Y a-t-il des visites organisées?

Gibt es hier irgendwelche Rundfahrten?
*guipt èss hîr **ir**guennt-**vèl**che **rountt**-faarttenn*

À quelle heure part le bus pour la visite organisée de la ville?

Wann ist die Stadtrundfahrt?
*vann ist dî **chtatt**rountt-faartt*

Combien de temps dure la visite guidée?

Wie lange dauert die Rundfahrt?
*vî **lann**gue daouertt dî **rountt**faartt*

Y a-t-il une promenade en bateau sur le fleuve/le lac?

Gibt es hier Schiffsrundfahrten auf dem Fluß/See?
*guipt èss hîr **chifss**-rountt-faarttenn aouf dém flouss/zéé*

Y a-t-il des réductions pour les groupes?

Gibt es eine Gruppenermäßigung?
*guipt èss aïne **group**enn-èr**mèss**igoung*

Y a-t-il des réductions pour les enfants?

Gibt es eine Ermäßigung für Kinder?
*guipt èss aïne èr**mèss**igoung fur **kinn**der*

Y a-t-il un commentaire en français?

Gibt es eine Führung auf französisch?
*guipt èss aïne **fur**ounk aouf frann**tseu**zich*

Où s'arrête-t-on pour le déjeuner?

Wo machen wir Mittagspause?
*vô **ma**Henn vîr **mi**taakss-**paou**ze*

Arrêtez le bus, s'il vous plaît, mon enfant ne se sent pas bien!

Halten Sie bitte an, meinem Kind ist übel!
***hal**tenn zî **bi**tte ann **maï**nemm kinnt ist **u**bel*

À quelle heure part
le prochain ferry?

**Um wieviel Uhr fährt die nächste
Fähre?**
oum vîfîl our fèrtt dî nèkste fère

Un aller et retour
pour une voiture,
deux adultes et deux
enfants, s'il vous plaît

**Eine Rückfahrkarte für ein Auto, zwei
Erwachsene und zwei Kinder, bitte!**
*aïne ruk-faar-karte fur aïn aoutô, tsvaï
èrvaksene ount tsvaï kinnder bitte*

Combien de temps
dure la traversée?

Wie lange dauert die Überfahrt?
vî lanngue daouèrt dî uberfaartt

Y a-t-il des cabines?

Gibt es hier Kabinen?
guipt èss hîr kabînenn

Y a-t-il des sièges
inclinables?

Gibt es hier Liegesitze?
guipt èss hîr lîgue-zitse

Y a-t-il une salle de
télévision?

Gibt es hier einen Fernsehraum?
guipt èss hîr aïnenn fèrnzé-raoum

Y a-t-il un bar?

Gibt es hier eine Bar?
guipt èss hîr aïne bâr

Où sont les toilettes?

Wo sind die Toiletten?
vô zinnt dî toilètenn

Où est la boutique
hors taxes?

Wo ist der Duty-free-Shop?
vô ist dèr diouti fri chop

Pouvons-nous aller
sur le pont?

Können wir an Deck gehen?
keunenn vîr ann dèk guéhenn

Est-ce que la mer est
agitée aujourd'hui?

Ist die See heute stürmisch?
ist dî zé hoïte chturmich

Mémo

Les marchands de tabac – Tabakwarengeschäfte – *vendent du tabac, des cigares et des cigarettes.* 'Rauchen verboten' *signifie* 'Interdiction de fumer'. *Vous pouvez aussi acheter des cigarettes dans les kiosques et on trouve des distributeurs automatiques dans la plupart des restaurants et même dans les rues.*

Est-ce que ça vous dérange si je fume?	**Macht es Ihnen etwas aus, wenn ich rauche?** *maHt èss înenn èttvass aouss vènn ich raouHe*
Puis-je avoir un cendrier, s'il vous plaît?	**Kann ich bitte einen Aschenbecher haben?** *kann ich bitte aïnenn achenn-béchèr haabenn*
Est-ce qu'il est interdit de fumer ici?	**Ist rauchen hier verboten?** *ist raouHenn hîr fèrbôtenn*
Un paquet de… s'il vous plaît!	**Eine Schachtel… bitte!** *aïne chaHtel… bitte*
Avez-vous des marques françaises?	**Haben Sie französische Marken?** *haabenn zî franntseuziche markenn*
Avez-vous des allumettes/des cure-pipes?	**Haben Sie Streichhölzer/ Pfeifenreiniger?** *haabenn zî chtraïch-heultser/pfaïfenn-raïniguer*
Avez-vous une cartouche pour mon briquet (à gaz)?	**Haben Sie eine Nachfüllpatrone für mein Gasfeuerzeug?** *haabenn zî aïne naHful-patrône fur maïn gass-foïer-tsoïk*
Avez-vous du feu?	**Haben Sie Feuer?** *haabenn zî foïer*

Quand part le prochain train pour… ?	**Wann fährt der nächste Zug nach… ?** *vann fèrtt dèr **nèk**ste tsouk naH…*
À quelle heure arrive-t-il?	**Wann kommt er an?** *vann kommtt èr ann*
Est-ce que je dois changer de train?	**Muß ich umsteigen?** *mouss ich **oum**-chtaï-guenn*
Un aller et retour pour… , en première classe	**Eine Hin- und Rückfahrkarte nach… , erster Klasse** *aïne **hinn-ounn**t ruk-faar-karte naH… **ers**ter **kla**sse*
Un aller simple pour… , en deuxième classe	**Einfache fahrt nach… , zweiter Klasse** *aïnfaHe faartt naH… **tsvaï**ter **kla**sse*
Y a-t-il un supplément à payer?	**Muß man einen Zuschlag zahlen?** *mouss mann **aï**nenn **tsou**chlaak **tsaa**lenn*
Je voudrais une place dans un compartiment non fumeurs	**Ich möchte gern eine Platzkarte in einem Nichtraucherabteil** *ich **meuch**te guèrn aïne **plats**-karte inn aïnem **nicht**-raouHer-ap**taï**l*
Je voudrais réserver une couchette	**Ich möchte gern einen Liegewagenplatz reservieren** *ich **meuch**te guèrn **aï**nenn **lî**gue-va**guenn**-platts résèr**vî**renn*
De quel quai part le train pour… ?	**Von welchem Gleis fährt der Zug nach… ab?** *fonn **vèl**chem glaïss fèrtt dèr tsouk naH… ap*

Voir aussi **BAGAGES, TRAIN**

Substantifs

En allemand, tous les noms s'écrivent avec une lettre majuscule. Il y a trois genres en allemand : le masculin, le féminin et le neutre.

masculin	*féminin*	*neutre (nt)*
der/ein Stuhl	**die/eine Frau**	**das/ein Kind**
la/une chaise	la/une femme	l'/un enfant

L'allemand supprime l'article indéfini au pluriel (ex. des femmes : **Frauen**) et le pluriel de l'article défini (le, la) est **die** pour les trois genres.

Le pluriel des noms allemands est un peu difficile car il est moins systématique qu'en français et varie pratiquement d'un nom à l'autre. En dehors des noms en **-sel** ou **-chen** qui restent invariables, on peut retenir trois formes courantes :

Mann – Männer	**Frau – Frauen**	**Tisch – Tische**
homme – hommes	femme – femmes	table – tables

La fonction du mot dans la phrase s'indique grâce à des déclinaisons :

Der Mann sieht mich	l'homme me voit
Ich sehe den Mann	je vois l'homme
Ich gebe dem Mann ein Buch	je donne un livre à l'homme
Das Buch des Mannes	le livre de l'homme

Les déclinaisons de l'article défini sont les suivantes :

			masc.	*fém.*	*nt.*	*pl.*
le	la	les	**der**	**die**	**das**	**die**
le	la	les *(objet)*	**den**	**die**	**das**	**die**
au	à la	aux	**dem**	**der**	**dem**	**den**
du	de la	des	**des**	**der**	**des**	**der**

Adjectifs

Lorsqu'ils sont placés avant le nom, les adjectifs se déclinent comme les articles selon le genre et le nombre du nom qu'ils modifient.

Au nominatif (cas sujet) :

der kluge Mann	**die kluge Frau**	**das kluge Kind**
ein kluger Mann	**eine kluge Frau**	**ein kluges Kind**

Dans la plupart des autres cas, l'adjectif se termine en **-en** :

dem/des klugen Mann(es)	**einem/eines klugen Mann(es)**
der/der klugen Frau	**einer/einer klugen Frau**
dem/des klugen Kind(es)	**einem/eines klugen Kind(es)**

L'adjectif placé après le nom ne s'accorde jamais :

der Mann/die Frau/das Kind ist klug
die Männer/die Frauen/die Kinder sind klug

Possessifs

Les possessifs s'accordent comme les articles :

mein	mon
mein Mann kommt	mon mari vient
ich liebe meinen Mann	j'aime mon mari
das Auto meines Mannes	la voiture de mon mari
ich gebe es meinem Mann	je le donne à mon mari
meine Kinder kommen	mes enfants viennent
ich liebe meine Kinder	j'aime mes enfants
die Spielsachen meiner Kinder	les jouets de mes enfants
ich gebe es meinen Kindern	je le donne à mes enfants

ton/ta	**dein**
son/sa	**sein** (lorsque la chose possédée appartient à un homme)
	ihr (lorsque la chose possédée appartient à une femme)
votre	**Ihr** (forme de politesse)
notre	**unser**
leur	**ihr**

Pronoms personnels

SUJET

je	**ich**	*ich*
tu	**du**	*dou*
il/elle	**er/sie**	*èr/zî*
	es	*èss*
nous	**wir**	*vîr*
vous	**Sie**	*zî*
ils/elles	**sie**	*zî*

COMPLÉMENT D'OBJET DIRECT

me	**mich**	*mich*
te	**dich**	*dich*
le/la	**ihn/sie**	*înn/zî*
	es	*èss*
nous	**uns**	*ounnss*
vous	**Sie**	*zî*
ils/elles	**sie**	*zî*

COMPLÉMENT D'OBJET INDIRECT

à moi	**mir**	*mîr*
à toi	**dir**	*dîr*
à lui/elle	**ihm/ihr**	*îmm/ir*
neutre	**ihm**	*îmm*
à nous	**uns**	*ounss*
à vous	**Ihnen**	*înnenn*
à eux	**ihnen**	*înnenn*

Verbes

Il y a deux types de verbes en allemand, les verbes forts (verbes irréguliers) et les verbes faibles (verbes réguliers).

	faible	*fort*
	spielen	**helfen**
	(jouer)	(aider)

Au présent :

ich	**spiele**	**helfe**
du	**spielst**	**hilfst**
er/sie/es	**spielt**	**hilft**
wir	**spielen**	**helfen**
sie/Sie	**spielen**	**helfen**

À l'imparfait :

ich	**spielte**	**half**
du	**spieltest**	**halfst**
er/sie/es	**spielte**	**half**
wir	**spielten**	**halfen**
sie/Sie	**spielten**	**halfen**

L'imparfait d'un verbe régulier se forme donc en rajoutant un 't' après le radical alors que le temps passé d'un verbe irrégulier se forme par le changement de la voyelle du radical.

Le passé composé et le plus-que-parfait se forment avec le verbe avoir (**haben**), et, dans certains cas, avec le verbe être (**sein**).

| j'ai joué | **ich habe gespielt** |
| je suis allé | **ich bin gegangen** |

Comme pour la forme passée, le radical change de voyelle dans les verbes irréguliers (verbes forts).

Conjugaisons du verbe être et du verbe avoir :

sein (être)   **haben** (avoir)

Au présent :

ich bin	**ich habe**
du bist	**du hast**
er/sie/es ist	**er/sie/es hat**
wir sind	**wir haben**
sie/Sie sind	**sie/Sie haben**

À l'imparfait :

ich war	**ich hatte**
du warst	**du hattest**
er/sie/es war	**er/sie/es hatte**
wir waren	**wir hatten**
sie/Sie waren	**sie/Sie hatten**

HÉBERGEMENT

Mémo

Les hôtels vont généralement de 1 à 5 étoiles. Si vous réservez dans un Hotel Garni, on ne vous servira aucun repas sauf le petit déjeuner et, éventuellement, des rafraîchissements. Cherchez également les panneaux Pension et Privatpension car il s'agit de lieux d'hébergement moins chers que les hôtels. Vérifiez toujours si le prix indiqué inclut le petit déjeuner. Les possibilités de logement chez l'habitant sont indiquées par des panneaux Fremdenzimmer ou Zimmer frei. Vous pouvez être en pension complète – Vollpension – ou en demi-pension – Halbpension. La plupart des villes allemandes ont un bureau d'informations sur les possibilités d'hébergement – Zimmernachweis – où vous pouvez même faire des réservations.

Nous cherchons un hôtel/un appartement	**Wir suchen ein Hotel/ eine Ferienwohnung** *vîr zouHenn aïn hôtèl/aïne férriènnvônoung*
Je voudrais réserver une chambre pour une/deux personne(s)	**Ich möchte ein Einzelzimmer/ Doppelzimmer reservieren** *ich meuchte aïn aïntsell-tsimer/ dopell-tsimèr résèrvîrenn*
Combien coûte une journée/une semaine?	**Was kostet es für einen Tag/eine Woche?** *vass kostett ès fur aïnenn taak/aïne voHe*
Je voudrais rester trois nuits/rester du… au…	**Ich möchte drei Nächte bleiben/vom… bis zum… bleiben** *ich meuchte draï nèchte blaïbenn/fom… bis… tsoum… blaïben*
Je voudrais une chambre avec petit déjeuner/en pension complète	**Ich möchte ein Zimmer mit Frühstück/ Vollpension** *ich meuchte aïn tsimer mitt fruchtuk/ folpennssyônn*
Êtes-vous équipés pour les handicapés?	**Haben Sie hier Einrichtungen für Behinderte?** *haabenn zî hîr aïn-richtounguenn fur be-hinndèrte*

Voir aussi **À L'HÔTEL, LOCATION – LOGEMENT, SERVICE D'ÉTAGE**

| Quelle heure est-il? | **Wie spät ist es?/Wieviel Uhr ist es?** |
| | *vî **spett** ist èss/vîfîl our ist èss* |

| Il est… | **Es ist…** |
| | *èss ist…* |

| 8.00 | **acht Uhr** |
| | *aHt our* |

| 8.05 | **acht Uhr fünf** |
| | *aHt our funnf* |

| 8.10 | **acht Uhr zehn** |
| | *aHt our tsènn* |

| 8.15 | **acht Uhr fünfzehn** |
| | *aHt our **funnf**tsènn* |

| 8.20 | **acht Uhr zwanzig** |
| | *aHt our tsvanntsik* |

| 8.25 | **acht Uhr fünfundzwanzig** |
| | *aHt our **funnf**ount**tsvannt**sik* |

| 8.30 | **halb neun/acht Uhr dreißig** |
| | *halpp noïnn/aHt our **draï**ssik* |

| 8.35 | **acht Uhr fünfunddreißig** |
| | *aHt our **funnf**ount**draï**ssik* |

| 8.40 | **zwanzig Minuten vor neun/acht Uhr vierzig** |
| | ***tsvannt**sik mi**nou**tenn vor noïn/aHt our **fîr**tsik* |

| 8.45 | **Viertel vor neun** |
| | ***fîr**tel for noïn* |

| 8.50 | **acht Uhr fünfzig** |
| | *aHt our **funnf**tsik* |

| 8.55 | **acht Uhr fünfundfünfzig** |
| | *aHt our **funnf**ount**funnf**tsik* |

| 12.00 | **zwölf Uhr** (midi)/**Mitternacht** (minuit) |
| | *tsveulf our **mi**tèrnaHtt* |

À quelle heure ouvrez-vous?	**Wann öffnen Sie?** *vann **euf**nenn zî*
À quelle heure fermez-vous?	**Wann schließen Sie?** *vann **chlî**ssenn zî*
Avons-nous le temps de visiter la ville?	**Haben wir Zeit, die Stadt zu besichtigen?** ***haa**benn vîr tsaït dî chtatt tsou be**zich**tiguenn*
Combien de temps faut-il pour aller à... ?	**Wie lange braucht man bis zu... ?** *vî **lann**gue **braou**Ht mann biss tsou...*
Nous sommes arrivés en avance	**Wir kamen früh an** *vîr **ka**menn fru ann*
Nous sommes arrivés en retard	**Wir kamen spät an** *vîr **ka**menn chpèt ann*
Nous devons être rentrés à l'hôtel avant... heures	**Wir müssen vor... Uhr im Hotel zurück sein** *vîr **mu**ssenn for... our im hô**tèl** tsou**ruk** zaïn*
À quelle heure l'autocar part-il dans la matinée?	**Wann fährt der Bus am Vormittag ab?** *vann fèrt dèr bouss am **for**mitak ap*
La visite guidée démarre vers...	**Die Tour beginnt gegen...** *dî tour be**guinnt gué**guenn...*
Le musée est ouvert le matin/l'après-midi	**Das Museum ist vormittags/nachmittags geöffnet** *dass mou**zé**oum ist **for**-mittaaks/**naH**-mittaaks gué**euf**nett*
La table est réservée pour... ce soir	**Der Tisch ist für heute abend um... bestellt** *dèr tich ist fur **hoï**te abenntt oum... bech**tèl**lt*

Voir aussi **CHIFFRES**

J'ai réservé une chambre au nom de…

Ich habe ein Zimmer auf den Namen… reserviert
*ich **haa**be aïn **tsi**mer aouf dénn **naa**menn… rézèr**vîr**tt*

J'ai confirmé ma réservation par téléphone/lettre

Ich habe meine Reservierung telefonisch/schriftlich bestätigt
*ich **haa**be **maï**ne rézèr**vî**roung télé**fô**nich/ **chriftt**lich béch**tè**tiktt*

Pourriez-vous faire monter mes bagages?

Könnten Sie bitte mein Gepäck hinaufbringen lassen?
*keunntenn zî **bi**tte maïnn gue**pèk** hinn-**aouf**-brinng-enn **lass**enn*

Le petit déjeuner/Le dîner est à quelle heure?

Wann gibt es Frühstück/Abendessen?
*vann guipt èss **fru**-chtuk/abennt-èssenn*

Est-ce qu'on peut prendre le petit déjeuner dans notre chambre?

Können wir auf unserem Zimmer frühstücken?
*keunnen vîr aouf **ounss**erem **tsi**mer **fru**-chtuk-kenn*

Réveillez-moi à… , s'il vous plaît

Bitte wecken Sie mich um… (*voir* HEURE)
*bitte **vè**kenn zî mich oum…*

Ma clé, s'il vous plaît

Meinen Schlüssel, bitte
*maïnenn **chluss**el, bitte*

Je voudrais rester une nuit supplémentaire

Ich möchte noch eine Nacht bleiben
*ich **meuch**te noH aïne naHtt **blaï**benn*

Je partirai demain à…

Ich reise morgen um… ab (*voir* HEURE)
*ich **raï**ze **mor**guenn oum… app*

Les routes allemandes sont généralement excellentes et il n'existe pas de péage. En Autriche, en revanche, certains axes situés dans les régions montagneuses sont payants. En hiver, les pneus cloutés et les chaînes peuvent être obligatoires.

Y a-t-il une route qui permettrait d'éviter la circulation?
Gibt es hier eine Umgehungsstraße?
*guipt èss hîr **aï**ne oum**gué**ounks-**chtra**sse*

Y a-t-il beaucoup de circulation sur l'autoroute?
Gibt es viel Verkehr auf der Autobahn?
*guipt èss vîl fèr**kér** aouf dèr **aou**tôbaann*

Pourquoi n'avance-t-on plus?
Warum kommen wir hier nicht weiter?
*va**roum ko**menn vir hîr nicht **vaï**ter*

Quand est-ce que la route sera dégagée?
Wann wird die Straße frei sein?
*vann virt dî **chtra**sse fraï zaïn*

Y a-t-il une déviation?
Gibt es eine Umleitung?
*guipt èss **aï**ne **oum**laïtoung*

La route vers… est-elle bloquée par la neige?
Ist die Straße nach… zugeschneit?
*ist dî **chtra**sse naH… **tsou**guéchnaïtt*

Le col est-il ouvert?
Ist der Paß frei?
ist dèr pass fraï

Le tunnel est-il ouvert?
Ist der Tunnel frei?
*ist dèr **tou**nell fraï*

Est-ce que j'ai besoin de chaînes/ de pneus cloutés?
Brauche ich Schneeketten/Spikereifen?
*braouHe ich **chné**kétenn/**chpaïk**raïfenn*

Voir aussi **MÉTÉO**, **EN ROUTE**

JOURS FÉRIÉS

Mémo

Les jours fériés ne sont pas toujours nationaux. L'Assomption – Mariä Himmelfahrt – ou la Fête-Dieu – Fronleichnam – par exemple ne sont célébrées qu'en Allemagne du Sud, où la religion catholique est prédominante. Pendant la période du carnaval, certaines villes ont des jours fériés non officiels comme Rosenmontag (42 jours avant Pâques) et Karnevalsdienstag ou Faschingsdienstag (le mardi suivant Rosenmontag). Ainsi, à Cologne, Mayence, Düsseldorf et Munich par exemple, sont organisées des parades de plusieurs kilomètres de long, avec chars fleuris, cavaliers, orchestres et cortèges de gens déguisés en costume traditionnel.

Jour de l'An	1er janvier	**Neujahrstag**
Vendredi saint	(mais pas en Autriche)	**Karfreitag**
Lundi de Pâques		**Ostermontag**
Fête du Travail	1er mai	**Tag der Arbeit**
Ascension		**Himmelfahrt**
Lundi de Pentecôte		**Pfingstmontag**
Fête-Dieu		**Fronleichnam**
Assomption	15 août	**Mariä Himmelfahrt**
Journée de l'Unité allemande	3 octobre (fête nationale allemande)	**Tag der deutschen Einheit**
Fête nationale autrichienne	26 octobre	**Nationaltag**
Toussaint	1er novembre	**Allerheiligen**
Jour du repentir	fin novembre (sauf en Autriche et en Bavière)	**Buß- und Bettag**
Jour de Noël	25 décembre	**1. Weihnachtstag**
Le lendemain de Noël	26 décembre	**2. Weihnachtstag**

LOCATION – LOGEMENT

Nous avons réservé un appartement au nom de…
Wir haben ein Apartment auf den Namen… gebucht
vîr haabenn aïn aparttménnt aouf dén naamenn… guébouHt

Quelle est la clé pour la porte d'entrée?
Welcher Schlüssel ist für die Haustür?
vélcher chlussell ist fur dî haoustur

Où est le compteur d'électricité?
Wo ist der Stromzähler?
vô ist dér chtrômtsèler

Où est le chauffe-eau?
Wo ist der Heißwasserbereiter?
vô ist dèr haïss-vasser-beraïter

Comment marche le chauffage?
Wie funktioniert die Heizung?
vî founk-tsyonîrt dî haïtsoung

Comment marche la douche?
Wie funktioniert die Dusche?
vî founk-tsyonîrt dî douche

Quel jour la femme de ménage vient-elle?
An welchem Tag kommt die Putzfrau?
ann vélchem taak komtt dî poutsfraou

Est-ce que l'électricité est incluse dans le loyer?
Sind die Stromkosten in der Miete enthalten?
zinnt dî chtrôm-kostenn inn dèr mîte énnt-haltenn

Y a-t-il d'autres draps?
Gibt es hier noch weiteres Bettzeug?
guipt èss hîr noH vaïteress bètttsoïk

Où puis-je vous joindre?
Wo kann ich Sie erreichen?
vô kann ich zî éraïchenn

47

LOCATION – VOITURE

Vous pouvez louer une voiture dans la plupart des villes et des aéroports. Vous devez avoir plus de 21 ans et le permis depuis plus de deux ans. Assurez-vous que le prix indiqué inclut une assurance tous risques.

Je voudrais louer une voiture	**Ich möchte ein Auto mieten** *ich meuchte aïn aoutô mîtenn*
J'ai besoin d'une voiture avec chauffeur	**Ich brauche ein Auto mit Chauffeur** *ich braouHe aïn aoutô mitt chôfeur*
Je voudrais une grande/une petite voiture	**Ich möchte ein großes/kleines Auto** *ich meuchte aïn grôssèss/klaïnèss aoutô*
Y a-t-il un tarif au kilomètre?	**Verlangen Sie eine Kilometergebühr?** *ferlannguenn zi aïne kîlô-métèr-guébur*
Combien coûte le supplément pour une assurance tous risques?	**Wieviel mehr kostet die Vollkaskoversicherung?** *vifîl mér kostett dî foll-kasskô-ferzicheroung*
Je voudrais laisser la voiture à Cologne	**Ich möchte gern das Auto in Köln lassen** *ich meuchte guèrn dass aoutô inn keuln lassenn*
Mon mari/Ma femme conduira également	**Mein Mann/Meine Frau wird auch damit fahren** *maïn mann/maïne fraou virt aouH damitt faarenn*
Comment marche le véhicule?	**Wie bediene ich dieses Auto?** *vî bedîne ich dîzes aoutô*

Mémo

Si vous allez voir un médecin, vous devez payer la consultation immédiatement. Aussi assurez-vous avant de partir que vous êtes bien en possession de tous les formulaires nécessaires pour vous faire rembourser par la Sécurité sociale.

Je dois voir un médecin	**Ich brauche einen Arzt** *ich **braou**He **aï**nenn artstt*
Puis-je avoir un rendez-vous?	**Können Sie mir bitte einen Termin geben?** ***keu**nenn zî mîr **bi**tte **aï**nenn tèr**mînn gué**benn*
Mon fils/Ma femme est malade	**Mein Sohn/Meine Frau ist krank** *maïn zônn/**maï**ne fraou ist krannk*
J'ai mal à la gorge/à l'estomac	**Ich habe Halsschmerzen/eine Magenverstimmung** *ich **haa**be halss-**chmèr**tsenn/**aï**ne **ma**guenn-fèr**chti**moung*
Il a la diarrhée/mal aux oreilles	**Er hat Durchfall/Ohrenschmerzen** *èr hatt **durch**fall/**ô**renn-**chmèr**tsenn*
J'ai mal là/dans la poitrine	**Ich habe hier/in der Brust Schmerzen** *ich **haa**be hîr/inn dèr brousst **chmèr**tsenn*
Elle a de la fièvre	**Sie hat Fieber** *zî hatt **fî**ber*
Il a été piqué/mordu	**Er ist gestochen/gebissen worden** *èr ist gué**chto**Henn/gué**bi**ssenn **vor**denn*
Elle ne peut pas respirer/marcher	**Sie kann nicht atmen/laufen** *zî kann nicht **aatt**menn/**laou**fenn*
J'ai la tête qui tourne	**Mir ist schwindlig** *mîr ist **chvinnt**lich*

Je ne peux pas dormir/avaler	**Ich kann nicht schlafen/schlucken** *ich kann nicht chlaafenn/chloukenn*
Elle a vomi	**Sie hat sich übergeben** *zî hatt zich uberguébenn*
Je suis diabétique	**Ich bin zuckerkrank** *ich binn tsoukèr-krannk*
Je suis enceinte	**Ich bin schwanger** *ich binn chvannguèr*
Je suis allergique à la pénicilline	**Ich bin gegen Penizillin allergisch** *ich binn guéguenn pénitsilîn alèrguich*
J'ai de la tension	**Ich habe hohen Blutdruck** *ich haabe hôenn bloutdrouk*
Mon groupe sanguin est A positif/O négatif	**Ich habe Blutgruppe A positiv/O negativ** *ich haabe bloutt-groupe a pôzitif/o négatif*

LE MÉDECIN PEUT VOUS DIRE :

Sie müssen im Bett bleiben *zî mussenn imm bètt blaïbenn*	Vous devez rester au lit
Er muß ins Krankenhaus *èr mouss inns krannkenn-haouss*	Il doit aller à l'hôpital
Sie müssen operiert werden *zî mussenn opérîrt vèrdenn*	Vous devez être opéré
Nehmen Sie das dreimal am Tag *némenn zî dass draïmal amm taak*	Prenez ceci trois fois par jour
Nehmen Sie zwei Tabletten zweimal am Tag *némenn zî tsvaï tablèttenn tsvaïmal amm taak*	Prenez deux comprimés deux fois par jour

En Allemagne, on fait généralement trois repas par jour :

Le petit déjeuner (**Frühstück**) est composé d'un assortiment de pains avec du beurre, de la confiture, du fromage et parfois de la charcuterie, ainsi que du café ou du thé.
Le déjeuner (**Mittagessen**) est généralement le repas principal et il est souvent pris plus tard qu'en France.
Le dîner (**Abendessen**) consiste en un assortiment de pains, de charcuterie et de fromages. Au cours de l'après-midi, et en particulier le dimanche, de nombreuses personnes prennent également un café avec des pâtisseries (**Kaffeetrinken**) dans un café ou chez elles.

Dans les restaurants, on vous propose généralement un menu à prix fixe *(Tagesmenü ou Menü)* ainsi qu'un menu spécial enfants *(Kinderteller)* et un menu spécial personnes âgées *(Seniorenteller)*. Les plats principaux sont les suivants :

Vorspeisen (warm/kalt)	Hors-d'œuvre (chauds/froids)
Suppen	Soupes
Hauptgerichte	Plats principaux
Eierspeisen	Plats à base d'œufs
Fischgerichte	Poissons
Fleischgerichte	Viandes
Wildgerichte (in der Saison)	Gibier (en saison)
Käse	Fromages
Nachspeisen	Desserts
Getränke	Boissons

Quelle est la spécialité de la maison?

Was ist die Spezialität des Hauses?
*vass ist dî chpétsya-li**tèt** dèss **haou**zess*

Quelle est la soupe du jour?

Welche Tagessuppe gibt es?
*v**è**lche ta**gu**èss-**zou**ppe guipt èss*

Bon appétit!

Guten Appetit!
*gou**t**enn apé**titt***

un demi-litre de…
einen halben Liter…
*aïnenn **hal**benn litèr…*

un litre de…
einen Liter…
*aïnenn **li**tèr…*

un kilo de…
ein Kilo…
*aïn **kî**lô…*

une livre de…
ein Pfund…
*aïn **p**founnt…*

100 grammes de…
100 Gramm…
***hounn**dèrt gram…*

un demi-kilo de…
ein halbes Kilo…
*aïn **hal**bèss **kî**lo…*

une demi-bouteille de…
eine halbe Flasche…
*aïne **hal**be **fla**che…*

une tranche de…
eine Scheibe…
*aïne **chaï**be…*

une part de…
eine Portion…
*aïne por**tsionn**…*

une douzaine
ein Dutzend
*aïn **dou**tsennt*

pour 20 marks de…
für 20 Mark…
*fur **tsvann**tsik mark…*

un tiers
ein Drittel
*aïn **dri**tèl*

deux tiers
zwei Drittel
*tsvaï **dri**tèl*

un quart
ein Viertel
*aïn **fir**tèl*

trois quarts
dreiviertel
*draï**fir**tèl*

dix pour cent
zehn Prozent
*tsénn pro**tsenn**tt*

plus de…
noch etwas…
*noH **è**ttvass…*

moins de…
weniger…
*vè**ni**guer…*

assez de…
genug…
*gué**nouk**…*

double
doppelt
***do**peltt*

deux fois
zweimal
*tsvaï**mal***

trois fois
dreimal
*draï**mal***

Il fait un temps magnifique
Es ist tolles Wetter
*èss ist tol*èss *vè*ter

Quel temps épouvantable!
Was für ein furchtbares Wetter!
*vass fur aïn fourcht*baress *vè*ter

Il pleut
Es regnet
*èss rèk*nett

Il neige
Es schneit
*èss chna*ïtt

Il y a du vent
Es ist windig
*èss ist vinn*dik

Est-ce qu'il va faire froid ce soir?
Wird es heute abend kalt?
*virtt èss hoï*te a*benntt kaltt*

Est-ce qu'il va pleuvoir?
Wird es regnen?
*virtt èss rèk*nenn

Est-ce qu'il va neiger?
Wird es schneien?
*virtt èss chna*ïenn

Est-ce qu'il va y avoir de l'orage?
Wird es ein Gewitter geben?
*virtt èss aïn gué*vi*ter gué*benn

Est-ce qu'il va faire beau?
Wird das Wetter schön?
*virtt dass vè*ter cheunn

Est-ce que le temps va changer?
Wird sich das Wetter ändern?
*virtt zich dass vè*ter ènn*dernn

Quelle est la température?
Wieviel Grad ist es?
*vi*fîl *graatt ist èss*

Mémo

Un pressing s'appelle Reinigung *ou* chemische Reinigung. *Un* Schnellreinigung *vous offre un service rapide où vous pouvez récupérer vos vêtements une heure ou deux après les avoir déposés. On trouve aussi parfois dans les pressings un service de blanchisserie* (Wäscherei), *et les laveries automatiques s'appellent* Waschsalon.

Y a-t-il une
blanchisserie ici?

Gibt es hier einen Wäschedienst?
guipt èss hîr aïnenn vèche-dînnst

Y a-t-il une laverie
automatique dans les
environs?

Gibt es hier in der Nähe einen Waschsalon?
guipt èss hîr inn dèr nèe aïnenn vachzalonn

Y a-t-il un pressing
dans les environs?

Gibt es hier in der Nähe eine chemische Reinigung?
guipt èss hîr inn dèr nèe aïne kémiche raïnigoung

Où puis-je faire
nettoyer/repasser
cette jupe?

Wo kann ich diesen Rock reinigen/bügeln lassen?
vô kann ich dîzenn rok raïniguenn/buguel lassenn

Il faut que je nettoie
ça immédiatement

Ich muß das sofort auswaschen
ich mouss dass zôfortt aous-vachenn

Où puis-je laver
quelques affaires?

Wo kann ich ein paar Sachen waschen?
vô kann ich aïn paar zaHenn vachenn

Où puis-je faire
sécher mes vêtements?

Wo kann ich meine Kleider trocknen?
vô kann ich maïne klaïder troknnen

C'est une tache de
café/de sang

Das ist ein Kaffeefleck/Blutfleck
dass ist aïn kafé-flèk/blout-flèk

Est-ce que vous
pouvez enlever cette
tache?

Können Sie diesen Fleck entfernen?
keunenn zî dîzenn flèk èntfèrnenn

Mémo

*Sur les autoroutes, tous les kilomètres, vous trouverez des télé-phones d'urgence de couleur orange. Ils vous mettront en commu-nication directe avec l'ADAC (Allgemeiner Deutscher Automobil Club). Demandez une Straßenwachthilfe – **chtra**ssennvaHthilfe – assistance routière. Vous devez toujours avoir dans votre voiture un triangle de sécurité et une trousse de soins d'urgence.*

Ma voiture est en panne	**Mein Auto hat eine Panne** *maïn **aou**tô hatt **aï**ne **p**anne*
Il y a un problème de freins	**Mit den Bremsen stimmt etwas nicht** *mitt dénn **brèmm**zen chtimmt **ètt**vass nicht*
Je suis en panne d'essence	**Ich habe kein Benzin mehr** *ich **haa**be kaïn bènn**tsînn** mér*
Il y a une fuite dans le réservoir d'essence/ dans le radiateur	**Der Tank/Der Kühler ist leck** *dèr tannk/dèr **kû**lèr isst lèk*
Le moteur chauffe	**Der Motor wird zu heiß** *dèr **mô**tor vîrt tsou haïss*
Pourriez-vous me remorquer jusqu'à un garage?	**Könnten Sie mich bitte bis zu einer Werkstatt abschleppen?** *keunntenn zî mich **b**itte biss tsou **aï**nèr **verk**-chtatt **app**-chlèppen*
Est-ce que vous pourriez envoyer un mécanicien/une dépanneuse?	**Könnten Sie bitte einen Mechaniker/ einen Abschleppwagen herschicken?** *keunnten zî **b**itte **aï**nen mé**cha**nikèr/ aïnen **app**chlèpp-**vâ**guen **h**èrchikenn*
Le pare-brise est cassé	**Die Windschutzscheibe ist zersplittert** *dî **vinnt**choutss-**chaï**be isst tsèr**chplitt**èrtt*

Mémo

Les cartes de crédit ne sont pas acceptées systématiquement partout alors que les eurochèques le sont.

L'addition, s'il vous plaît	**Die Rechnung, bitte** *dî **rèch**noung **bi**tte*
Est-ce que le service/la TVA est compris(e)?	**Ist Bedienung/die Mehrwertsteuer inbegriffen?** *isst bé**dî**noung/dî **méér**-vèrtt-**chtoï**er **inn**begriffenn*
Ça fait combien?	**Wieviel macht das zusammen?** *vî**fil** maHt dass tsou**zamm**enn*
Est-ce que c'est payable d'avance?	**Muß ich im voraus zahlen?** *mouss ich imm **for**aouss **tsâ**llenn*
Est-ce qu'il y a des arrhes à verser?	**Muß ich etwas anzahlen?** *mouss ich **èt**tvass **ann**tsâllenn*
Est-ce qu'il est possible de payer avec une carte de crédit/par chèque?	**Kann ich mit Kreditkarte/Scheck zahlen?** *kann ich mitt kré**dîtt**-karte/chèke **tsaa**lenn*
Est-ce que vous acceptez les travellers?	**Nehmen Sie Reisechecks an?** *né**mm**enn zî **raï**ze-chèkss ann*
Je crois qu'il y a une erreur dans la monnaie	**Ich glaube, Sie haben mir falsch herausgegeben** *ich **glaou**be zî **hâ**benn mîr falch hé**raouss**-gué**gué**benn*
Je voudrais un reçu	**Ich hätte gern eine Quittung** *ich **hè**tte guèrn aïne **kvitt**oung*

Voir aussi **ACHATS, ARGENT**

Mémo

Dans une pharmacie, Apotheke, vous pouvez acheter des médicaments avec ou sans ordonnance et des articles de toilette. Dans une Drogerie, vous pouvez acheter des articles de toilette, des produits ménagers, de la nourriture pour bébés, des pellicules pour appareils photo, etc. Une Apotheke sera toujours indiquée par un panonceau avec un grand A rouge sur fond blanc.

Je voudrais quelque chose pour le mal de tête/le mal de gorge	**Ich möchte etwas gegen Kopfschmerzen/Halsschmerzen** *ich meuchte èttvass guéguenn kopf-chmèrtsenn/hallss-chmèrtsenn*
Je voudrais de l'aspirine/du sparadrap	**Ich hätte gern Aspirin/Heftpflaster** *ich hète guèrn aspirîn/hèftt-pflaster*
Je suis enrhumé	**Ich habe eine Erkältung** *ich haabe aïne èrkèlltoung*
Je tousse	**Ich habe eine Husten** *ich haabe aïne housstenn*
C'est bon pour le rhume des foins/un dérangement intestinal?	**Ist das gut gegen Heuschnupfen/ Magen- und Darmverstimmung?** *isst dass goutt guéguenn hoï-chnoupfenn/ maguenn-ounnt daamfèrchtimmoung*
J'en prends combien?	**Wieviel soll ich einnehmen?** *vifîl zoll ich aïnn-némenn*
J'en prends tous les combien?	**Wie oft soll ich es einnehmen?** *vî offtt zoll ich èss aïnn-némenn*
C'est sans danger pour les enfants?	**Kann man es bedenkenlos Kindern geben?** *kann mann èss bedènnkenn-lôss kinndern guébenn*

Tout l'équipement nécessaire à la photo et les pellicules peuvent s'acheter chez un photographe ou dans un grand magasin. Les pellicules sont généralement assez bon marché en Allemagne.

Je voudrais un film couleur/noir et blanc pour cet appareil	**Ich möchte einen Farbfilm/ Schwarzweißfilm für diese Kamera** *ich meuchte aïnenn farbfilm/ chvarttss-vaïss-film fur dîze kaméra*
C'est pour un tirage sur papier	**Es ist für Bilder** *èss ist fur billdèr*
C'est pour des diapositives	**Es ist für Dias** *èss ist fur dîass*
Avez-vous des flashs pour cet appareil?	**Haben Sie Blitzwürfel für diese Kamera?** *haabenn zî blittss-vur-fell fur dîze kaméra*
Le film/L'obturateur est bloqué	**Der Film/Verschluß klemmt** *dèr film/fèrchlouss klèmmtt*
Pouvez-vous développer ce film?	**Können Sie diesen Film entwickeln?** *keunenn zî dîzenn film ènntt-vikellnn*
Quand les photos seront-elles prêtes?	**Wann sind die Bilder fertig?** *vann zinnt dî bildèr fèrtich*
Est-ce que je peux prendre des photos ici?	**Darf ich hier fotografieren?** *darff ich hîr fôtôgrafîrenn*
Est-ce que vous pourriez nous prendre en photo, s'il vous plaît?	**Würden Sie bitte ein Foto von uns machen?** *vurdenn zî bitte aïn fôtô fonn ounss maHenn*

Mémo

Le nord de l'Allemagne compte quelques belles plages. Vous pouvez généralement louer une chaise longue – Strandkorb. Les seins nus sont autorisés et il y a des endroits réservés aux nudistes indiqués par le panonceau – FKK-Strand (Freikörperkultur).

Est-ce qu'on peut se baigner ici sans danger?	**Kann man hier bedenkenlos schwimmen?** *kann mann hîr be**dènng**kenn-lôze **chvim**menn*
Quelle est la profondeur de l'eau?	**Wie tief ist das Wasser?** *vî tîf ist dass **vass**èr*
Est-ce qu'il y a de forts courants?	**Gibt es hier starke Strömung?** *guipt èss hîr **chtarr**ke **chtreu**moung*
Est-ce que c'est une plage privée/ tranquille?	**Ist das ein privater/ruhiger Strand?** *ist dass aïn pri**vaat**tèr/**rou**-iguèr chtranntt*
Où peut-on se changer?	**Wo kann man uns umziehen?** *vô kann mann ounss **oum**tsîhenn*
Est-ce qu'il est possible de louer une chaise longue?	**Kann ich hier einen Liegestuhl mieten?** *kann ich hîr **aï**nenn **lî**gue-chtoule **mî**tenn*
Est-ce qu'il est possible de louer un bateau?	**Kann ich hier ein Boot mieten?** *kann ich hîr aïn bôtt **mî**tenn*
Est-ce que je peux aller à la pêche/faire de la planche à voile?	**Kann ich hier angeln/windsurfen?** *kann ich hîr **anng**-eln/**vinnt**zeurfenn*
Est-ce qu'il y a une piscine pour les enfants?	**Gibt es hier ein Kinderbecken?** *guipt èss hîr aïn **kinn**der-**bè**kenn*

Voir aussi **SPORTS NAUTIQUES**

Mémo

Si vous avez un accident, vous devez toujours appeler la police. Les commissariats sont indiqués par un panonceau bleu avec le mot Polizei *marqué dessus. Les agents de police allemands ont des uniformes verts. Les agents de la circulation –* Politessen *– ont des uniformes bleus.*

Nous devrions appeler la police	**Wir sollten die Polizei holen** *vîr **zoll**tenn dî poli**tsaï** **hô**lenn*
Où est le poste de police?	**Wo ist das Polizeirevier?** *vô ist dass poli**tsai**-ré**vîr***
On m'a volé quelque chose	**Ich bin bestohlen worden** *ich binn be-**chtô**lenn **vor**denn*
J'ai eu un accident	**Ich habe einen Unfall gehabt** *ich **haa**be **aï**nenn **oun**fal gue**hapt***
L'amende est de combien?	**Wie hoch ist das Bußgeld?** *vî hôH ist dass **bouss**guèltt*
Comment est-ce que je la paie?	**Wie soll ich es zahlen?** *vî zoll ich èss **tsâ**lenn*
Je n'ai pas mon permis de conduire sur moi	**Ich habe meinen Führerschein nicht bei mir** *ich **haa**be **maï**nenn **fur**er-chaïnn nicht baï mîr*
Je suis désolé(e), monsieur	**Es tut mir wirklich sehr leid** *èss toutt mîr **vîr**klich sèr laïtt*
Est-ce que je peux parler avec quelqu'un en français?	**Kann ich mit jemandem auf Französisch sprechen?** *kann ich mitt **yé**manndemm aouf frann**tseu**zich **sprè**chenn*

Mémo

Le service est généralement ajouté automatiquement sur les notes d'hôtel et les additions au restaurant. Cependant, si vous êtes particulièrement content du service offert, vous pouvez ajouter un pourboire de 10% environ pour le garçon. On peut aussi donner un pourboire aux chauffeurs de taxi, aux coiffeurs et aux personnes qui s'occupent des toilettes.

Je regrette, mais je n'ai pas de monnaie	**Ich kann leider nicht rausgeben** *ich kann **laï**dèr nicht **raouss**-guébenn*
Pourriez-vous me faire la monnaie de 10 marks?	**Könnten Sie mir auf zehn Mark rausgeben?** ***keu**nntenn zî mîr aouf tsénn mark **raouss**-guébenn*
Est-ce qu'il faut donner un pourboire?	**Gibt man normalerweise ein Trinkgeld?** *guipt mann nor**mall**èr-**vaï**ze aïn **trinnk**-guèltt*
Combien dois-je donner pour le pourboire?	**Wieviel Trinkgeld soll ich geben?** *vi**fîl trinnk**-guèltt zoll ich **gué**benn*
Est-ce que le service est compris?	**Ist die Bedienung inbegriffen?** *ist dî be**dî**noung **inn**begriffenn*
Gardez la monnaie	**Stimmt so** *chtimmtt zô*
Rendez-moi sur…	**Machen Sie…** (*voir* CHIFFRES) *ma**H**enn zî…*

PROBLÈMES

Est-ce que vous pouvez m'aider, s'il vous plaît?	**Können Sie mir bitte helfen?** *keunenn zî mîr bitte hèlfenn*
Qu'est-ce qu'il y a?	**Was ist los?** *vass ist lôss*
J'ai un problème	**Ich habe ein Problem** *ich haabe aïn problémm*
Je ne comprends pas	**Ich verstehe das nicht** *ich fèrchté-e dass nicht*
Est-ce que vous parlez français?	**Sprechen Sie Französisch?** *sprèchenn zî franntseuzich*
Répétez, s'il vous plaît	**Bitte wiederholen Sie das** *bitte vîdèr-hôlenn zî dass*
Je n'ai plus d'argent	**Ich habe kein Geld mehr** *ich haabe kaïnn guèltt mér*
Mon fils a disparu	**Mein Sohn ist verschwunden** *maïnn zônn ist fèrchvoundenn*
Je me suis perdu	**Ich habe mich verlaufen** *ich haabe mich fèrlaoufenn*
J'ai oublié mon passeport	**Ich habe meinen Paß vergessen** *ich haabe maïnenn pass fèrguèssenn*
Rendez-moi mon passeport, s'il vous plaît	**Geben Sie mir bitte meinen Paß zurück** *guébenn zî mîr bitte maïnenn pass tsouruk*
Où est le consulat français?	**Wo ist das französische Konsulat?** *vô ist dass franntseuziche konnzoulaatt*

Voir aussi ACCIDENTS, POLICE, RÉCLAMATIONS, URGENCES

Nous avons essayé de transcrire le plus fidèlement possible la prononciation de l'allemand en utilisant un système proche du français. L'accent tonique a été représenté en caractères **gras**.
En allemand, toutes les lettres se prononcent, même les 'e' à la fin des mots. Il n'existe donc pas de sons muets comme en français. D'autre part, le mot **Bank** se prononce *bannk* et non 'banc' comme en français.
Le H majuscule est utilisé dans la transcription pour représenter le son guttural caractéristique à l'allemand, dans des mots comme **acht**, **machen**, **noch**. Nous avons par ailleurs choisi délibérément de ne pas indiquer de manière spécifique un autre son caractéristique : le **ch** 'mouillé'. En effet, précédé de **i**, **e**, **ä**, **ö**, **ü**, **eu**, **äu** ou d'une consonne, on doit le prononcer à mi-chemin entre *che* et *ye*. Nous l'avons transcrit par le son *ch*, ce qui est tout de même acceptable et plus facile pour un francophone.
Il faut noter également que la lettre **h** se prononce toujours au début d'un mot : il s'agit d'un 'h' aspiré sonore, comme en anglais. Il est très important de faire la distinction entre les voyelles avec Umlaut (tréma) : **ä**, **ö** et **ü** (qui se prononcent *è*, *eu* et *u*) et celles sans Umlaut : **a**, **o** et **u** (qui se prononcent *a*, *o* et *ou*).
Grâce à ce système de prononciation, vous pourrez vous exprimer facilement en allemand.

Notez bien :

g	se prononce comme dans *gai*, et jamais comme dans *géant*
j	se prononce comme *y*
sp, **st** au début d'un mot	se prononcent *chp*, *cht* respectivement
z	se prononce comme *ts*, et jamais comme dans *zéro*
ei	se prononce *aï*
ie	se prononce *i* (dans ce cas, 'i' long transcrit par *î*)
eu	se prononce toujours *oï*
ß	se prononce *ss*

QUESTIONS

Mémo

*Vous devez toujours vouvoyer les personnes que vous ne connais-
sez pas en utilisant le pronom Sie et le verbe conjugué au pluriel.
Ainsi, la phrase 'Êtes-vous de Cologne?' se traduira par 'Sind Sie
aus Köln?'.*

Est-ce que c'est loin?	**Ist es weit?** *ist èss vaïtt*
Est-ce que c'est cher?	**Ist es teuer?** *ist èss toïèr*
Est-ce que vous comprenez?	**Verstehen Sie mich?** *fèrchtéhenn zî mich*
Est-ce que vous pouvez m'aider?	**Können Sie mir bitte helfen?** *keunenn zî mîr bitte hèllfenn*
Où est la pharmacie?	**Wo ist die Apotheke?** *vô ist dî apotéke*
Ça sera prêt quand?	**Wann ist das fertig?** *vann ist dass fèrtich*
Je peux y aller comment?	**Wie komme ich dorthin?** *vî komme ich dortthinn*
À quelle distance est... ?	**Wie weit ist... ?** *vî vaïtt ist...*
Est-ce qu'il y a un bon restaurant?	**Gibt es ein gutes Restaurant?** *guipt èss aïn goutess rèstoran*
Qu'est-ce que c'est, ça?	**Was ist das?** *vass ist dass*
C'est combien?	**Wieviel kostet das?** *vifîl kosstètt dass*

64

Ça ne marche pas	**Das funktioniert nicht** *dass founk-tsyo-**nîrtt** nichtt*
Je ne peux pas fermer/ouvrir le chauffage	**Ich kann die Heizung nicht abstellen/anstellen** *ich kann dî **haï**tsoung nichtt **app**-chtèllenn/**ann**-chtèllenn*
La serrure est cassée	**Das Schloß ist kaputt** *dass chloss ist ka**poutt***
Je ne peux pas ouvrir la fenêtre	**Ich kann das Fenster nicht öffnen** *ich kann dass **fènn**stèr nicht **euff**nenn*
La chasse d'eau ne marche pas	**Die Toilettenspülung funktioniert nicht** *dî toi**lett**enn-**chpu**loung founk-tsyo-**nîrtt** nichtt*
Il n'y a pas d'eau chaude	**Es gibt kein heißes Wasser** *èss guipt kaïnn **haï**ssess **vass**èr*
Il n'y a pas de papier hygiénique	**Es gibt kein Toilettenpapier** *èss guipt kaïnn toi**lèt**tenn-pa**pîr***
Le lavabo est sale	**Das Waschbecken ist schmutzig** *dass **vach**-bèkenn ist **chmoutts**ik*
Mon café est froid	**Mein Kaffee ist kalt** *maïnn **ka**fé ist kalltt*
On ne nous a pas encore servis	**Wir wurden noch nicht bedient** *vîr **vour**denn noH nicht be**dînntt***
J'ai acheté ça ici hier	**Ich habe das gestern hier gekauft** *ich **haa**be dass **guès**tern hîr gue**kaouf**tt*
Il y a un défaut/un trou	**Es hat einen Fehler/ein Loch** *èss hatt **aï**nenn **fé**lèr/aïn loH*

RELIGION

Mémo

Les églises sont généralement ouvertes toute la journée. Les horaires des messes varient; il faut donc les vérifier dans les journaux locaux ou à l'église même. Ils sont également indiqués sur des panneaux sur la route à l'entrée des villes. Pour des raisons historiques, l'Allemagne du Nord est en majorité protestante alors que l'Allemagne du Sud et de l'Ouest est en majorité catholique.

Où est l'église la
plus proche?

Wo ist die nächste Kirche?
*vô ist dî **nèk**ste **kîr**che*

Où peut-on trouver
un temple protestant?

Wo ist hier eine evangelische?
*vô ist hîr **aï**ne évann**gué**liche*

Où peut-on trouver
une église catholique?

**Wo ist hier eine katholische
Kirche?**
*vô ist hîr **aï**ne ka**tô**liche **kîr**che*

Je voudrais voir
un prêtre

**Ich möchte gern einen Pfarrer
sprechen**
*ich **meu**chte guèrn **aï**nenn **pfa**rer
spréchenn*

À quelle heure est
la messe?

Um wieviel Uhr ist der Gottesdienst?
*oum vî**fil** our ist dèr **got**tès-**dîn**nst*

Je voudrais me
confesser

Ich möchte zur Beichte gehen
*ich **meu**chte tsour **baïch**te **gué**henn*

Mémo

La plupart des grands magasins offrent un service de cordonnerie rapide où vous pouvez faire réparer vos chaussures.

J'ai cassé la vitre	**Mir ist die Fensterscheibe kaputt gegangen** *mîr ist dî **fènn**ster-**chaï**be ka**poutt** gué**gann**guenn*
Il y a un trou à ma chaussure	**In meinem Schuh ist ein Loch** *inn **maï**nemm chou ist aïn loH*
Il y a un trou à ce pantalon	**In dieser Hose ist ein Loch** *inn **dî**zer **hô**ze ist aïn loH*
C'est cassé/déchiré	**Das ist kaputt/zerrissen** *dass ist ka**poutt**/tsèr**ris**senn*
Pouvez-vous réparer ça?	**Können Sie das reparieren?** ***keu**nnen zî dass répa**rî**renn*
Quand est-ce que ça sera prêt?	**Bis wann können Sie es machen?** *biss vann **keu**nenn zî èss **ma**Henn*
J'ai besoin de ruban adhésif/d'une épingle de nourrice	**Ich brauche etwas Klebstreifen/eine Sicherheitsnadel** *ich **braou**He **èt**tvass **klèp**-chtraïfenn/**aï**ne **zi**cher-haïts-**na**del*
Pouvez-vous remettre un talon à ces chaussures?	**Können Sie neue Absätze auf diese Schuhe machen?** ***keu**nenn zî **noï**e **ap**zètse aouf **dî**ze **chou**he **ma**Henn*
Ça s'est dévissé	**Die Schraube hat sich gelöst** *dî **chraou**be hatt zich gué**leust***
La poignée est partie	**Der Griff ist abgegangen** *dèr griff ist **ap**-gué**gann**guenn*

Voir aussi **ACCIDENTS, PANNES, URGENCES**

RESTAURANT

Mémo

*Même les petits restaurants peuvent vous offrir d'excellents repas.
Ils proposent souvent un menu à prix fixe – Tagesmenü – ainsi
qu'un menu spécial enfant – Kinderteller – et un menu spécial
personnes âgées – Seniorenteller.*

Y a-t-il un café/un restaurant dans les environs?

Gibt es hier in der Nähe ein Café/ein Restaurant?
*guipt èss hîr inn dèr **nè**-e aïn **ka**fé/aïn restô**ran***

Une table pour quatre, s'il vous plaît!

Einen Tisch für vier bitte!
*aïnenn tich fur fîr **bitte***

Pouvons-nous voir la carte, s'il vous plaît?

Können wir bitte die Speisekarte haben?
*keunenn vîr **bitte** dî **chpaïze-kar**te **haa**benn*

Nous voudrions prendre le menu, s'il vous plaît

Wir hätten gern das Tagesmenü
*vîr **hè**tenn guèrn dass **ta**guessménu*

Avez-vous un menu enfant?

Haben Sie eine Kinderteller?
*haabenn zî aïne **kinn**dertèler*

Avez-vous un plat du jour?

Haben Sie ein Tagesgericht?
*haabenn zî aïn **ta**guèss-gué**richt***

Nous voudrions prendre le menu à... marks

Wir hätten gern das Menü für... Mark
*vîr **hè**tenn guèrn dass mé**nu** fur... mark*

Pouvons-nous voir la carte des vins?

Können wir bitte die Weinkarte haben?
*keunenn vîr **bitte** dî **vaïn**karte **haa**benn*

Que nous recommandez-vous?

Was können Sie uns empfehlen?
*vass **keu**nenn zî ounss èmmp**fé**lenn*

Quelle est la spécialité locale?	**Gibt es eine Spezialität?** *guipt èss aïne chpétsya-litétt*
Avec quoi ce plat est-il servi?	**Wie wird dieses Gericht serviert?** *vî virt dîzèss guéricht zervîrt*
Comment ce plat est-il préparé?	**Was ist das für ein Gericht?** *vass ist dass fur aïn guéricht*
Est-il servi avec des légumes?	**Ist Gemüse dabei?** *ist guémuze dabaï*
Saignant, s'il vous plaît!	**Englisch bitte!** *énnglich bitte*
À point, s'il vous plaît!	**Halbdurch bitte!** *halpdourch bitte*
Bien cuit, s'il vous plaît!	**Durchgebraten bitte!** *dourchguébratenn bitte*
Pourrions-nous avoir plus de pain?	**Könnten wir bitte noch etwas Brot haben?** *keuntenn vîr bitte noH èttvass brôôtt haabenn*
Pourrions-nous avoir plus d'eau?	**Könnten wir bitte noch etwas Wasser haben?** *keuntenn vîr bitte noH èttvass vassèr haabenn*
Nous voudrions un dessert/un café	**Wir hätten gern einen Nachtisch/Kaffee** *vîr hètenn guèrn aïnenn naHtich/kafé*
L'addition, s'il vous plaît!	**Die Rechnung bitte!** *dî rèchnoung bitte*
Le service est-il compris?	**Ist die Bedienung inbegriffen?** *ist dî bédînoung innbegriffenn*

Voir aussi **BOISSONS, MENUS, PAYER, VINS ET ALCOOLS**

Mémo

*Comme en France, les véhicules venant de droite ont la priorité.
La limitation de vitesse est de 50km/h dans les villes et les villages
et de 100km/h sur route. En général, il n'y a pas de limitation sur
les autoroutes. Les amendes peuvent être très élevées en cas
d'excès de vitesse. Le port de la ceinture de sécurité est
obligatoire.*

Quelle est la limitation de vitesse sur cette route?	**Was ist die Höchstgeschwindigkeit auf dieser Straße?** *vass isst dî **heukst**-guéchvinndich-kaïtt aouf **dî**zèr **chtra**sse*
Cette autoroute est-elle à péage?	**Muß man für diese Autobahn eine Mautgebühr zahlen?** *mouss mann fur **dî**ze **aou**tôbann **aï**ne **maout**guébur **tsa**lenn*
Y a-t-il un raccourci?	**Gibt es eine Abkürzung?** *guipt èss **aï**ne **ap**kurtssoung*
Où puis-je garer ma voiture?	**Wo kann ich parken?** *vô kann ich **par**kenn*
Y a-t-il un parking dans les environs?	**Gibt es hier in der Nähe einen Parkplatz?** *guipt èss hîr inn dèr **née aï**nenn **park**platss*
Puis-je garer ma voiture ici?	**Darf ich hier parken?** *darf ich hîr **par**kenn*
Est-ce que j'ai besoin d'un disque de zone bleue?	**Brauche ich hier eine Parkscheibe?** ***braou**He ich hîr **aï**ne **park**chaïbe*

Mémo

En allemand comme en français, il existe une forme de politesse et elle s'utilise à peu près de la même manière : du correspond à 'tu' et Sie à 'vous'. Les Allemands se serrent la main lorsqu'ils se rencontrent et on s'adresse aux femmes de plus de 18 ans en les appelant Frau. Fräulein ne s'utilise que pour les jeunes filles de moins de 18 ans et pour les serveuses.

Bonjour!	**Guten Tag!** *gou*tenn taak
Bonsoir!	**Guten Abend!** *gou*tenn *a*bennt
Au revoir!	**Auf Wiedersehen!** aouf **vî**dèr-zéhenn
Salut!	**Tschüs!** tchuss
Bonne nuit!	**Gute Nacht!** *gou*te naHt
Ravi de faire votre connaissance!	**Freut mich!** froïtt mich
Comment allez-vous?	**Wie geht es Ihnen?** vî gétt èss **î**nenn
Bien, merci!	**Gut, danke!** goutt **dann**ke
À bientôt!	**Bis bald!** biss baltt

SERVICE D'ÉTAGE

Entrez!	**Herein!**
	héraïn
Nous voudrions le petit déjeuner dans notre chambre	**Wir hätten gern das Frühstück auf unserem Zimmer**
	vîr hètenn guèrn dass fru-chtuk aouf ounsserem tsimer
Nous voudrions une bouteille de vin dans notre chambre	**Wir hätten gern eine Flasche Wein auf unserem Zimmer**
	vîr hètenn guèrn aïne flache vaïn aouf ounsserem tsimer
Mettez-le sur ma note	**Schreiben Sie es auf die Rechnung**
	chraïbenn zî ess aouf dî rèchnoung
Je voudrais téléphoner à l'extérieur	**Ich möchte gern durchwählen**
	ich meuchte guèrn dourchvèlenn
J'ai perdu ma clé	**Ich habe meinen Schlüssel verloren**
	ich haabe maïnenn chlussel fèrlôrenn
Je me suis enfermé à l'extérieur	**Ich habe mich aus meinem Zimmer ausgesperrt**
	ich haabe mich aouss maïnemm tsimer aouss-guéchpèrtt
Où y a-t-il une prise pour mon rasoir électrique?	**Wo gibt es eine Steckdose für meinen Rasierapparat?**
	vô guipt èss aïne chtèk-dôze fur maînenn razîr-apparatt
Le voltage est de combien?	**Wie hoch ist die Spannung hier?**
	vî hoH ist dî chpanoung hîr
J'ai besoin d'un sèche-cheveux/d'un fer à repasser	**Ich brauche einen Fön/ein Bügeleisen**
	ich braouHe aïnenn feunn/aïn buguel-aïzenn

 Voir aussi À L'HÔTEL, NETTOYAGE, RÉCLAMATIONS, TÉLÉPHONE

Que peut-on faire ici le soir?	**Was kann man hier abends unternehmen?** *vass kann mann hîr abenntts **oun**ter-**né**menn*
Où peut-on aller danser?	**Wo kann man hier tanzen?** *vô kann mann hîr **tann**tsenn*
Y a-t-il de bonnes boîtes de nuit/ discothèques?	**Gibt es hier gute Nachtclubs/Discos?** *guipt èss hîr **gou**te **naHt**-klouppss/**diss**kôs*
Comment va-t-on au casino?	**Wie kommen wir zum Spielkasino?** *vî **ko**mmenn vîr tsoum **chpîl**-kazinô*
Doit-on être membre?	**Muß man Mitglied sein?** *mouss mann **mitt**glîtt zaïn*
Combien coûte l'entrée?	**Wieviel kostet der Eintritt?** *vî**fîl ko**stett dèr **aïn**tritt*
Nous voudrions réserver deux places pour ce soir	**Wir möchten gern zwei Plätze für heute abend reservieren** *vîr **meuch**tenn guèrn tsvaï **plè**tse fur **hoï**te **a**benntt résèr**vî**renn*
À quelle heure commence la représentation/le concert?	**Wann beginnt die Aufführung/das Konzert?** *vann be**guinnt** dî **aouf**-furoung/dass konnt**sèrtt***
La représentation dure combien de temps?	**Wie lange dauert die Aufführung?** *vî **lann**gue **daou**èrtt dî **aouf**-furoung*
Qu'est-ce qu'on joue au cinéma?	**Welcher Film läuft im Kino?** *vèlchèr film loïftt im **kî**nô*

Quels sports peut-on pratiquer ici?	**Welche Sportmöglichkeiten gibt es hier?** *vèlche chport-meuglich-kaïtenn guipt èss hîr*
Peut-on pêcher?	**Kann man hier angeln gehen?** *kann mann hîr anng-eln guéhenn*
Peut-on faire de l'équitation?	**Kann man hier reiten?** *kann mann hîr raïtenn*
Où pouvons-nous jouer au tennis?	**Wo können wir Tennis spielen?** *vô keunenn vîr tènniss chpîlenn*
Où pouvons-nous jouer au golf?	**Wo können wir Golf spielen?** *vô keunenn vîr golf chpîlenn*
Y a-t-il une piscine?	**Gibt es hier ein Schwimmbad?** *guipt èss hîr aïn chvimmbatt*
Y a-t-il des promenades à faire dans les environs?	**Gibt es hier in der Nähe interessante Wanderwege?** *guipt èss hîr inn dèr nè-e inntérèssannte vannder-végue*
Pouvons-nous louer le matériel?	**Können wir die Ausrüstung leihen?** *keunenn vîr dî aouss-rustoung laïenn*
C'est combien de l'heure?	**Wieviel kostet es pro Stunde?** *vîfîl kostett èss prô chtounde*
Doit-on être membre?	**Muß man Mitglied sein?** *mouss mann mittglîtt zaïn*
Où peut-on acheter les billets?	**Wo kann man die Karten kaufen?** *vô kann mann dî kartenn kaoufenn*
Pouvons-nous prendre des leçons?	**Können wir Unterricht nehmen?** *keunenn vîr ounntericht némenn*

Peut-on louer des skis ici?	**Kann man hier Ski leihen?** *kann mann hîr chî **laï**enn*
Pourriez-vous régler mes fixations, s'il vous plaît?	**Könnten Sie bitte meine Bindungen einstellen?** ***keun**tenn zî **bi**tte maïne **binn**dounnguenn **aïn**chtèllenn*
Quelles sont les conditions d'enneigement?	**Wie sind die Schneebedingungen?** *vî zinnt dî **chné**-bé**dinng**ounnguenn*
Y a-t-il un restaurant en haut des pistes?	**Gibt es bei der Bergstation ein Restaurant?** *guipt èss baï dèr **bèrk**-chta**tsyônn** aïn restô**ran***
Quelles sont les pistes les plus faciles?	**Wo sind die leichtesten Abfahrten?** *vô zinnt dî **laï**chtèstenn **ap**faarttenn*
À quelle heure part la dernière benne?	**Wann ist die letzte Bergfahrt?** *vann ist dî **lè**tste **bèrk**faartt*
Y a-t-il des risques d'avalanche?	**Besteht hier Lawinengefahr?** *bé**chtétt** hîr la**vî**nenn-gué**fâr***
La neige est dure et glacée/collante	**Der Schnee ist sehr vereist/pappig** *dèr chné ist zèr fèr**aïst/pa**pik*
Où peut-on patiner?	**Wo kann man hier Schlittschuh laufen?** *vô kann mann hîr **chlit**chou **laou**fenn*
Y a-t-il une piste pour faire de la luge?	**Gibt es hier eine Schlittenbahn?** *guipt èss hîr **aï**ne **chli**tenn-baann*

SPORTS NAUTIQUES

Peut-on faire du ski nautique?
Kann man hier Wasserski fahren?
*kann mann hîr **va**sser-chî **faa**renn*

Peut-on faire de la planche à voile?
Kann man hier windsurfen?
*kann mann hîr **vinnt**-seurfenn*

Pouvons-nous louer un bateau à moteur?
Können wir ein Motorboot mieten?
*keunenn vîr aïn **mô**tor-bôtt **mî**tenn*

Pouvons-nous louer un canot à rames?
Können wir ein Ruderboot mieten?
*keunenn vîr aïn **rou**der-bôtt **mî**tenn*

Est-ce que je peux louer une planche de surf?
Kann ich ein Surfbrett leihen?
*kann ich aïn **seurf**brètt **laï**enn*

Peut-on nager dans la rivière?
Kann man in dem Fluß schwimmen?
*kann mann inn dèm flouss **chvi**menn*

Peut-on pêcher ici?
Kann man hier angeln?
*kann mann hîr **anng**-eln*

Où est la piscine municipale?
Wo ist das städtische Schwimmbad?
*vô ist dass **chtè**tiche **chvimm**batt*

La piscine est-elle chauffée?
Ist das Becken beheizt?
*ist dass **bè**kenn bé**haï**tst*

Est-ce une piscine découverte?
Ist es ein Freibad?
*ist èss aïn **fraï**batt*

Y a-t-il un petit bain pour les enfants?
Gibt es hier ein Planschbecken für die Kinder?
*guipt èss hîr aïn **plannch**-bèkenn fur dî **kinn**der*

Donnez-vous des leçons?
Geben Sie Unterricht?
*guébenn zî **oun**terichtt*

Voir aussi **PLAGE**

Mémo

La plupart des stations-service sont des self-services. Vous avez le choix entre l'essence ordinaire (Normalbenzin), le super (Super), l'essence sans plomb (bleifrei) et le diesel (Diesel). Toutes les stations-service n'acceptent pas les cartes de crédit; aussi assurez-vous que vous avez assez d'argent liquide pour payer.

Vingt litres d'ordinaire	**Zwanzig Liter Normalbenzin** *tsvanntsik liter normaal bènntsinn*
Je voudrais 30 marks de super	**Für dreißig Mark Super** *fur draïssik mark zouper*
Le plein, s'il vous plaît!	**Voll bitte!** *fol bitte*
Pouvez-vous vérifier le niveau d'huile?	**Können Sie nach dem Öl sehen?** *keunenn zî naH dèm eull séhenn*
Pouvez-vous vérifier le niveau d'eau?	**Können Sie nach dem Wasser sehen?** *keunenn zî naH dèm vasser séhenn*
Pouvez-vous remplir le lave-glace?	**Können Sie die Scheibenwaschanlage auffüllen?** *keunenn zî dî chaïbenn-vachannlague aouffulenn*
Pourriez-vous nettoyer le pare-brise?	**Könnten Sie die Windschutzscheibe sauber machen?** *keuntenn zî dî vinnt-choutts-chaïbe zaouber maHenn*
Où est le gonfleur pour les pneus?	**Wo ist der Reifendruckmesser?** *vô ist dèr raïfenn-droukmesser*
Un bidon d'huile, s'il vous plaît!	**Eine Dose Öl bitte!** *aïne dôze eull bitte*

Voir aussi **PANNES, PAYER, EN ROUTE**

Mémo

Un taxi ne peut pas être hélé directement dans la rue. Vous devez aller jusqu'à une station de taxis ou le réserver par téléphone. Les tarifs varient d'une ville à l'autre; ils dépendent de l'heure, du nombre de passagers transportés et du nombre de bagages. On donne généralement un pourboire de 10% au chauffeur. Les taxis sont le plus souvent des Mercedes blanches.

Pouvez-vous m'appeler un taxi, s'il vous plaît?	**Können Sie mir bitte ein Taxi bestellen?** *keunenn zî mîr bitte aïn taksi béchtélenn*
À la gare principale, s'il vous plaît!	**Zum Hauptbahnhof bitte!** *tsoum haoupt-baann-hôf bitte*
À l'aéroport, s'il vous plaît!	**Zum Flughafen bitte!** *tsoum flouk-hafenn bitte*
Conduisez-moi à cette adresse, s'il vous plaît!	**Fahren Sie mich bitte zu dieser Adresse!** *faarenn zî mich bitte tsou dîzer adrèsse*
Ça coûtera combien?	**Wieviel wird es kosten?** *vîfil virt èss kostenn*
Je suis pressé(e)	**Ich habe es eilig** *ich haabe èss aïlich*
Pouvez-vous attendre ici quelques minutes?	**Können Sie hier bitte ein paar Minuten warten?** *keunenn zî hîr bitte aïn paar minoutenn vartenn*
Arrêtez-vous ici/au coin!	**Halten Sie hier/an der Ecke!** *haltenn zî hîr/ann dèr èke*
Gardez la monnaie	**Stimmt so** *chtimmt zô*

Mémo

Pour obtenir l'international, vous devez composer le 00 puis l'indicatif du pays (pour la France, le 33) et ensuite le numéro que vous désirez. Les cabines téléphoniques sont jaunes et marchent soit avec des pièces soit avec des cartes. Les Télécartes peuvent être achetées à la poste.

Je voudrais téléphoner

Ich möchte gern telefonieren
*ich **meuch**te guèrn téléfônn**î**renn*

Puis-je avoir une ligne extérieure?

Ich möchte gern durchwählen
*ich **meuch**te guèrn **dourch**vèlenn*

Je voudrais le… , poste…

Ich hätte gern… , Apparat…
(*voir* CHIFFRES)
*ich **hè**te guèrn… , apa**raatt**…*

Je voudrais appeler en PCV

Ich hätte gern ein R-Gespräch
*ich **hè**te guèrn aïn **èr**-guéchprèch*

Avez-vous de la monnaie pour le téléphone?

Haben Sie Kleingeld für das Telefon?
*ha**a**benn zî **klaïn**-guèltt fur dass télé**fônn***

Quelles pièces (de monnaie) puis-je utiliser?

Welche Münzen brauche ich?
*vèlche **muntt**senn **braou**He ich*

Combien est-ce que ça coûte pour appeler en France?

Wieviel kostet ein Gespräch nach Frankreich?
*v**î**fîl **kos**tett aïn guéch**sprèch** naH **frann**kraïch*

Je n'arrive pas à obtenir la communication

Ich komme nicht durch
*ich **ko**mme nicht dourch*

C'est occupé

Es ist besetzt
*èss ist be**zèts**tt*

Bonjour, c'est…

Guten tag, hier ist…
*gou*tenn taak, hîr ist…

Puis-je parler à… ?

Kann ich bitte… sprechen?
*kann ich **bi**tte… **sprè**chenn*

J'ai été coupé

Das Gespräch ist unterbrochen worden
*dass gué**sprèch** ist ounnter-**bro**Henn **vor**denn*

La ligne est
mauvaise

Die Verbindung ist schlecht
*dî fèr**binn**doung ist chlècht*

VOTRE CORRESPONDANT PEUT VOUS DIRE : ▬▬▬

Ich verbinde (Sie)
*ich fèr**binn**de (zî)*

Je vous passe votre
correspondant

Einen Augenblick, bitte!
*aïnenn **aou**guenn-blik **bi**tte*

Un moment, je vous
prie!

Es ist besetzt
*èss ist be**zè**tstt*

C'est occupé

**Versuchen Sie es bitte später
noch einmal!**
*fèr**zou**Henn zî èss bitte **chpè**ter
noH **aïn**mal*

Veuillez rappeler
plus tard

Wer ist am Apparat?
*vèr ist am apa**raatt***

Qui est à l'appareil?

Sie haben sich verwählt
*zî **haa**benn zich fèr**vèlt***

Vous vous êtes trompé
de numéro

Mémo

Il y a peu de toilettes publiques, aussi utilisez de préférence celles des bars et des restaurants. Cherchez le panonceau Toiletten ou WC. Pour les hommes, le panonceau est H pour Herren et pour les femmes D pour Damen. La plupart des grands magasins ont des toilettes pour leurs clients.

Où sont les toilettes, s'il vous plaît?	**Wo sind die Toiletten bitte?** *vô zinnt dî toilètenn bitte*
Où sont les toilettes pour hommes/pour dames?	**Wo ist die Herrentoilette/ Damentoilette?** *vô ist dî hérenn-toilète/damenn-toilète*
La chasse d'eau ne marche pas	**Die Spülung geht nicht** *dî chpuloung guétt nicht*
Il n'y a pas de papier hygiénique/de savon	**Es gibt hier kein Toilettenpapier/ keine Seife** *èss guipt hîr kaïn toilèttenn-papîr/ kaïne zaïfe*
Doit-on payer un supplément pour utiliser le lavabo?	**Muß man fürs Händewaschen extra zahlen?** *mouss mann furss hènnde-vachenn extra tsaalenn*
Y a-t-il ici des toilettes pour handicapés?	**Gibt es hier eine Toilette für Behinderte?** *guipt èss hîr aïne toilète fur be-hinn-dèrte*
Y a-t-il un endroit réservé pour s'occuper des bébés?	**Gibt es einen Wickelraum?** *guipt èss aïnenn vikèl-raoum*
Il n'y a plus d'essuie-mains	**Es gibt kein Handtuch** *èss guipt kaïn hannt-touH*

Qu'y a-t-il
d'intéressant à
visiter ici?

Was ist hier sehenswert?
*vass ist hîr **séhennz**-vertt*

Excusez-moi,
pour aller à la
cathédrale?

Entschuldigen Sie bitte, wie komme ich zum Dom?
*ennt**choul**-diguenn zî **bi**tte vî **ko**mme ich tsoum dôm*

Où est le musée?

Wo ist das Museum?
*vo ist dass mou**zé**oum*

Où est la place… ?

Wo ist der… -Platz?
vo ist dèr… -plats

À quelle heure
commence la visite
guidée?

Um wieviel Uhr beginnt die Führung?
*oum vî**fîl** our bé**guinnt** dî **fu**roung*

À quelle heure
ouvre le musée?

Um wieviel Uhr macht das Museum auf?
*oum vî**fîl** our maHt dass mou**zé**oum aouf*

Le château est-il
ouvert au public?

Ist das Schloß der Öffentlichkeit zugänglich?
*ist dass chloss dèr **eu**fennt-lich-kaït **tsou**-guénglich*

Combien coûte
l'entrée?

Wieviel kostet der Eintritt?
*vî**fîl kos**tett dèr **aïn**tritt*

Y a-t-il des tarifs
réduits pour le
troisième âge?

Gibt es eine Ermäßigung für Rentner?
*guipt èss **aï**ne èr**mé**ssigoung fur **rénn**tner*

Où puis-je acheter
des cartes postales?

Wo kann ich Ansichtskarten kaufen?
*vô kann ich **ann**zichts-**kar**tenn **kaou**fenn*

Mémo

Le réseau ferroviaire allemand est excellent. Les trains EC- et IC-Züge desservent respectivement les grandes villes d'Europe et les grandes villes d'Allemagne, tandis que les Nahverkehrszüge et Interregiozüge assurent les dessertes locales. Pour le IC-Züge, vous devrez payer un supplément (Zuschlag) – qui vous coûtera moins cher si vous le payez en même temps que votre billet plutôt qu'après, dans le train. Un wagon-lit (Schlafwagen) doit toujours être réservé à l'avance.

Est-ce le train pour… ?	**Ist das der Zug nach…** *ist dass dèr tsouk naH…*
Cette place est-elle libre?	**Ist dieser Platz noch frei?** *ist **dî**zer plats noH fraï*
J'ai une place réservée	**Ich habe eine Platzkarte** *ich **haa**be aïne **plats**skarte*
Puis-je ouvrir la fenêtre?	**Darf ich das Fenster aufmachen?** *darff ich dass **fènn**ster **aouf**-maHenn*
Quand arrivons-nous à… ?	**Wann kommen wir in… an?** *vann **ko**mmenn vîr inn… ann*
Est-ce que nous nous arrêtons à… ?	**Halten wir in… ?** ***hal**tenn vîr inn…*
Où dois-je changer pour… ?	**Wo muß ich nach… umsteigen?** *vô mouss ich naH… **oum**-chtaïguenn*
Y a-t-il un wagon-restaurant?	**Gibt es einen Speisewagen?** *guipt èss aïnenn **chpaï**ze-**va**guenn*
Pourriez-vous m'avertir quand nous arriverons à… ?	**Würden Sie mir bitte Bescheid sagen, wenn wir nach… kommen?** *vurdenn zî mîr bitte bé**chaïtt zaa**guenn venn vîr naH… **ko**mmenn*

La plupart des villes ont un excellent réseau de transport en commun (bus, métro, train et quelquefois tramway). Les tickets peuvent souvent être utilisés d'un système à l'autre. Les Zeitkarten (carte d'abonnement) sont utilisées par les voyageurs réguliers et il existe souvent une entrée réservée aux détenteurs de ces cartes. Si un siège porte le panonceau Schwerbeschädigte, cela veut dire qu'il est réservé aux invalides ou aux personnes handicapées. Ne voyagez jamais sans ticket car les amendes sont très élevées.

Est-ce que ce bus/ce train va à... ?

Fährt dieser Bus/Zug nach... ?
fèrt dîzer bouss/tsouk naH...

Où est-ce que je prends le bus pour aller à la cathédrale?

Wo fährt der Bus zum Dom ab?
vo fèrt dèr bouss tsoum dôm ap

Quel bus dois-je prendre pour aller au musée?

Mit welchem Bus komme ich zum Museum?
mitt vèlchem bouss komme ich tsoum mouzéoum

Où dois-je changer?

Wo muß ich umsteigen?
vô mouss ich oum-chtaïguenn

Où dois-je descendre?

Wo muß ich aussteigen?
vô mouss ich aouss-chtaïguenn

Quelle est la fréquence des bus/trains vers la ville?

Wie oft fahren die Busse/Züge in die Stadt?
vî oftt faarenn dî bousse/tsugue inn dî chtatt

Combien coûte un aller pour le centre-ville?

Wieviel kostet eine Fahrt ins Stadtzentrum?
vîfîl kostett aïne faartt innss chtatt-tsenntroum

Où puis-je acheter un billet?

Wo kann ich eine Fahrkarte lösen?
vô kann ich aïne faarkarte leuzenn

Voir aussi **BAGAGES, GARE**

Mémo

Dans la plupart des régions, le numéro d'urgence – Notruf – est le 110.

Appelez un médecin/ une ambulance!
Rufen Sie einen Arzt/Krankenwagen!
*rou*fenn *zî* **aï**nenn artstt/**kran**kenn-**va**guenn

Nous devons l'emmener à l'hôpital
Wir müssen ihn ins Krankenhaus bringen
vîr **mus**senn *înn* innss **kran**kenn-haouss **brinn**guenn

Allez vite chercher de l'aide!
Holen sie schnell Hilfe!
*hô*lenn *zî* chnell **hîl**fe

Allez chercher la police!
Holen Sie die Polizei!
*hô*lenn *zî* *dî* poli**tsaï**

Où est le commissariat/ l'hôpital le plus proche?
Wo ist die nächste Polizeiwache/das nächste Krankenhaus?
vô ist *dî* **nèk**ste poli**tsaï**-va*He*/dass **nèk**ste **kran**kenn-haouss

J'ai perdu ma carte bancaire
Ich habe meine Scheckkarte verloren
ich **haa**be maïne **chèk**-karte fer**lô**renn

J'ai perdu mon portefeuille
Ich habe meine Brieftasche verloren
ich **haa**be maïne **brîf**-tache fer**lô**renn

Mon enfant/Mon sac a disparu
Mein Kind/Meine Handtasche ist verschwunden
maïn kinntt/maïne **hannt**-tache ist fèr**chvoun**denn

On m'a volé mon passeport/ma montre
Mein Paß/Meine Armbanduhr ist gestohlen worden
maïn pass/maïne **arm**banntt-our ist gué**chtô**lenn **vor**denn

VÊTEMENTS

Je fais du 40	**Ich trage Größe vierzig** *ich traague greusse fîrtsik*
Pouvez-vous prendre mes mesures, s'il vous plaît?	**Können Sie bitte bei mir Maß nehmen?** *keunenn zî bitte baï mîr mass némenn*
Puis-je essayer cette robe?	**Kann ich dieses Kleid anprobieren?** *kann ich dîzess klaïtt ann-probîrenn*
Puis-je le regarder à la lumière?	**Kann ich es bei Tageslicht sehen?** *kann ich èss baï taguèslicht séhenn*
Où sont les cabines d'essayage?	**Wo sind die Ankleideräume?** *vô zinnt dî annklaïde-roïme*
Y a-t-il un miroir?	**Gibt es hier einen Spiegel?** *guipt èss hîr aïnenn chpîguel*
C'est trop grand	**Es ist zu groß** *èss ist tsou grôss*
C'est trop petit	**Es ist zu klein** *èss ist tsou klaïn*
C'est en quelle matière?	**Aus welchem Material ist es?** *aouss vèlchem matéryal ist èss*
Est-ce lavable?	**Ist es waschbar?** *ist èss vachbar*
Ça ne me plaît pas	**Mir gefällt es nicht** *mîr guéfèlt èss nicht*
Je n'aime pas la couleur	**Mir gefällt die Farbe nicht** *mîr guéfèlt dî farbe nicht*

L'Allemagne est le pays producteur de vins situé le plus au nord. Elle produit de très nombreux vins, principalement des vins blancs. Les régions productrices de vins les plus connues se trouvent dans les vallées bien abritées du Rhin, de la Moselle, de la Sarre, de l'Ahr et de la Nahe. Les régions du pays de Bade, du Wurtemberg, de Franconie et de la Hesse produisent également des vins réputés. Parmi ceux-ci, on trouve :

Gewürztraminer (vin blanc avec du corps)

Müller-Thurgau (vin léger et fruité)

Riesling (vin blanc doux)

Ruländer (vin blanc très doux)

Silvaner (vin blanc moyennement sec)

Spätburgunder (vin rouge avec du corps)

Il existe trois niveaux de qualité :

Deutscher Tafelwein – DTW – vins de table;

Qualitätswein bestimmter Anbaugebiete – QbA – vins qui proviennent d'une des régions reconnues comme productrices de vins;

Qualitätswein mit Prädikat – QmP – les meilleurs vins. Cette dernière catégorie se subdivise en six sous-catégories selon le degré de douceur du vin. Dans l'ordre ascendant :

Kabinett	(le vin le plus léger et le plus sec)
Spätlese	(fait avec du raisin récolté tardivement)
Auslese	(fait avec le raisin le plus mûr)
Beerenauslese	(fait avec un raisin très mûr spécialement sélectionné)
Trockenbeerenauslese	(fait avec un raisin séché sur pied)
Eiswein	(fait avec du raisin récolté après les premières gelées – c'est un vin très rare et très cher).

Dans les bars allemands sont servis tous les alcools connus. Les eaux-de-vie de fruits sont particulièrement appréciées. Le Schnaps est un alcool blanc très fort, souvent fait à partir de fruits.

Nous aimerions prendre un apéritif

Wir hätten gern einen Aperitif
vîr hètenn guèrn aïnenn apéritif

Puis-je avoir la carte des vins, s'il vous plaît?

Kann ich bitte die Weinkarte haben?
kann ich bitte dî vaïnkarte haabenn

Pouvez-vous me recommander un bon vin rouge/vin blanc/rosé?

Können Sie mir einen guten Rotwein/ Weißwein/Rosé empfehlen?
keunenn zî mîr aïnenn goutenn rôtt-vaïn/ vaïss-vaïn/rôzé èmmpfélenn

Une bouteille de la cuvée du patron

Eine Flasche offenen Wein
aïne flache offénenn vaïn

Un pichet de la cuvée du patron

Eine Karaffe offenen Wein
aïne carafe offénenn vaïn

Une demi-bouteille de…

Eine halbe Flasche…
aïne halbe flache…

Pourriez-vous apporter un autre verre, s'il vous plaît?

Würden Sie bitte noch ein Glas bringen?
vurdenn zî bitte noH aïn glass brinnguenn

Ce vin n'est pas assez frais

Dieser Wein ist zu warm
dîzer vaïn ist tsou vaam

Quelles sortes d'alcools avez-vous?

Was für Liköre haben Sie?
vass fur likeure haabenn zî

Je prendrai un cognac

Ich hätte gern einen Cognak
ich hètte guèrn aïnenn kognak

Je prendrai un whisky

Ich hätte gern einen Whisky
ich hètte guèrn aïnenn viski

Avec de la glace, s'il vous plaît!

Mit Eis bitte!
mitt aïss bitte

Voir aussi **BOISSONS, MENUS, RESTAURANT**

a : il/elle a er/sie hat *èr/zî hatt*

à zu *tsou;* an *an;* **à six heures** um sechs Uhr *oum zèks our*

abbaye Abtei *(f) apptaï*

abricot Aprikose *(f) aprikôze*

accélérateur Gaspedal *(nt) gazpédal*

accepter annehmen *annémenn*

accès Einfahrt *(f) aïnnfaartt*

accident Unfall *(m) ounfal*

accompagnement *(d'un plat)* Beilage *(f) baïlague*

achat Einkauf *(m) aïnkaouf*

acheter kaufen *kaoufenn*

acompte Anzahlung *(f) anntsaloung*

activité Aktivität *(f) aktivitèt*

adaptateur Adapter *(m) adapter*

addition Rechnung *(f) rèchnoung*

adresse Anschrift *(f) annchriftt*

adulte Erwachsener *(m) èrvaksener*

aérogare Terminal *(m) términal*

aéroport Flughafen *(m) flouk-hafenn*

affaires Geschäfte *(pl) guéchèfte;* **mes affaires** meine Sachen *(pl) maïne zaHenn*

affreux schrecklich *chrèklich*

afin de um zu *oum tsou*

âge Alter *(nt) alter;* **quel âge avez-vous?** wie alt sind Sie? *vî altt zinnt zî*

âgé de im Alter von *im alter fonn*

agence Büro *(nt) burô;* Agentur *(f) aguénntour;* **agence de voyages** Reisebüro *(nt) raïze-burô*

agenda Terminkalendar *(m) tèr-minnkalenndar*

agent de police Polizist *(m) politsist*

agneau Lamm *(nt) lam*

agrandissement Vergrößerung *(f) fèrgreussérounk*

ai : j'ai ich habe *ich haabe*

aide Hilfe *(f) hilfe*

aider helfen *hèlfen*

aiguille Nadel *(f) nâdel*

ail Knoblauch *(m) knôb-laouH*

aimable nett *nèt*

aimer mögen *meuguenn*

air Luft *(f) louft;* **en plein air** im Freien *im fraïenn*

aire Platz *(m) plats;* **aire de repos** Rastplatz *(m) rasttplats;* **aire de stationnement** Parkplatz *(m) parkplats*

alcool Alkohol *(m) alkôhôl;* **alcool à brûler** Brennspiritus *(m) brènn-chpiritouss;* **sans alcool** alkoholfrei *alkôhôl-fraï*

aliment Nahrungsmittel *(nt) narounks-mittel*

alimentation Ernährung *(f) èrnéroung;* **magasin d'alimentation** Lebensmittelgeschäft *(nt) lébenns-mitel-guéchèft*

Allemagne Deutschland *(nt) doïtchlanntt*

allemand deutsch *doïtch*

aller gehen *guéhenn;* **comment ça va?** Wie geht es? *vî guétt èss;* **aller et retour** Hin- und Rückfahrt *(f) hinn- ounnt rukfaartt;* **aller (simple)** einfache Fahrt *(f) aïnfaHe faartt*

allergique allergisch *allèrguich*

allô hallo *hallo*

allumage Zündung *(f) tsunndounk*

allumer anzünden *anntsundenn*

allumettes Streichhölzer *(pl) chtraïch-heultser*

alpinisme Bergsteigen *(nt) bèrkchtaïguenn*

amande Mandel *(f)* **mann**del; **pâte d'amandes** Marzipan *(nt)* martsi**pann**

ambassade Botschaft *(f)* **bôtt**chaft

ambulance Rettungswagen *(m)* **rètt**ounksvaguènn

amende Geldstrafe *(f)* **guèltt**-chtraafe

amer bitter **bittèr**

ameublement Einrichtung *(f)* **aïn**richtoung

ami(e) Freund(in) *(m/f)* froïnd/**froïn**dinn; **petit ami/petite amie** Freund/Freundin froïnd/**froïn**dinn

ampoule *(au pied)* Blase *(f)* **blâ**ze; *(électrique)* Glühbirne *(f)* **glu**-birne

amuser : s'amuser sich vergnügen fèrg-**nu**guenn

an Jahr *(nt)* yaar

ananas Ananas *(f)* ananass

anesthésie Betäubung *(f)* bé**toï**bounnk

anglais(e) englisch **enn**glich

Angleterre England *(nt)* **enn**gland

année Jahr *(nt)* yaar

anniversaire Geburtstag *(m)* gué**bourts**taak; **bon anniversaire** Herzlichen Glückwunsch zum Geburtstag **hèrrt**slichenn glukvounch tsoum gué**bourts**-taak

annuaire téléphonique Telefonbuch *(nt)* téléfônn**bouH**

annulation Annulierung *(f)* anoul**î**roung

annuler annulieren anoul**î**renn; rückgängig machen **ruk**guéngik ma**H**enn

anorak Anorak *(m)* **an**ôrak

antenne Antenne *(f)* annt**è**ne

antibiotique Antibiotikum *(nt)* anntibi**o**tikoum

antigel Frostschutz *(m)* **frost**chouttss

anti-moustiques : crème anti-moustiques Mückenschutzmittel *(nt)* **muk**enchouts-**mittel**

antiquaire Antiquitätenhändler *(m)* anntikvi**tè**tenn-**hènn**tler

antiquités Antiquitäten *(pl)* anntikvi**tè**tenn

antiseptique Desinfektionsmittel *(nt)* dèssinnf**è**kts**ionns**mittel

appareil Gerät *(nt)* gué**rè**tt

appareil photo Fotoapparat *(m)* fôtô-apa**raatt**

appartement Wohnung *(f)* **vô**noung

appel Anruf *(m)* **ann**rouf

appeler anrufen **ann**roufenn; **je m'appelle** ich heiße ich **haï**sse

appoint der genaue Betrag dèr gué**naoue** bé**trak**; **faire l'appoint** es passend haben èss **passent haa**benn

apporter bringen **brinn**guenn

apprendre lernen **lèr**nenn

appuyer drücken **dru**kenn

après nach na**H**; **danach** dana**H**

après-midi Nachmittag *(m)* **na**H**mitaak

après-rasage After-shave *(nt)* **aftèr**chéve

après-shampooing Haarspülung *(f)* **haar**chpulounk

arbre Baum *(m)* baoum

argent *(monnaie)* Geld *(nt)* guèltt; *(métal)* Silber *(nt)* **zil**bèr

arrêt Halt *(m)* haltt; **arrêt d'autobus** Bushaltestelle *(f)* **bouss**halte-cht**èll**e

arrêter aufhören **aouf**-heurenn; **arrêtez!** hören Sie auf! **heur**enn zî aouf

arrhes Anzahlung *(f)* **ann**-tsâloung

arrière hinten **hinn**tenn

arrivée Ankunft *(f)* **ann**kounft

arriver ankommen **ann**kommenn

artiste Künstler *(m)* **kunn**stlèr

ascenseur Aufzug *(m)* **aouf**souk

aspirateur Staubsauger *(m)* **chtaoup**zaouguèr

Aspirine ® Schmerztablette *(f)* **chmèrts**-tablètte

asseoir setzen **sètt**senn

assez genug **gén**nouk

assiette Teller *(m)* **tèl**èr

assurance Versicherung *(f)* fèr**zich**-eroung; **assurance tous risques** Vollkaskoversicherung *(f)* **folksko**-fèr**zich**eroung; **assurance voyage** Reiseversicherung *(f)* **raïze**-fèr**zich**eroung

assuré Versicherter *(m)* vèr**zich**ertèr

assurer versichern fèr**zich**ernn

asthme Astma *(nt)* **ast**ma

atomiseur Zerstäuber *(m)* **tsèrchtoï**bèr

attacher befestigen be**fèss**tiguen

attendre warten **var**tenn

attention Aufmerksamkeit *(f)* **aoufm**èrkzamkaïtt; **attention!** Vorsicht! **for**zichtt

auberge : auberge de jeunesse Jugendherberge *(f)* **youguènnt**-**hèrbèrgue**

aucun kein **kaïn**

au-delà de... über... hinaus **uber**... **hinaouss**

au-dessous de unter **ounn**ter

au-dessus de über **uber**

aujourd'hui heute **hoïte**

au revoir auf Wiedersehen **aouf vîder**-zéhenn

aussi auch **aou**H; **moi aussi** ich auch **ich aou**H

auto Auto *(nt)* **aou**tô

autobus Bus *(m)* **bouss**

autocar Bus *(m)* **bouss**

automne Herbst *(m)* **hèrbst**

automobiliste Fahrer *(m)* **fa**rèr

autorisé erlaubt **èrlaoubt**

autoroute Autobahn *(f)* **aou**tôbaann

auto-stop Trampen *(nt)* **trèmm**penn

autour de rings um **rinnks oum**

autre andere **annd**ere

Autriche Österreich *(nt)* **eusst**èr-raïch

avance : en avance im voraus **imm foraouss**

avant vor **for**; vorher **forhér**

avec mit **mitt**

avertir warnen **var**nenn

aveugle blind **blinn**tt

avez : avez-vous... ? haben Sie... ? **haa**benn zî

avion Flugzeug *(nt)* **flouk**-tsoïk

avoir haben **haa**benn; *voir* **GRAMMAIRE**

avons : nous avons wir haben vîr **haa**benn

baby-sitter Babysitter *(m)* **bébi**zitter

bac *(ferry)* Fähre *(m)* **fè**re

bagages Gepäck *(nt)* gué**pèk**; **bagages à main** Handgepäck *(nt)* **hant**guépèk

bague Ring *(m)* **rinng**

baignade Baden *(nt)* **ba**denn

baigner : se baigner baden **ba**denn

baignoire Badewanne *(f)* **ba**devane

bain Bad *(nt)* baat

balcon Balkon *(m)* balkon

balle *(de sport)* Ball *(m)* bal

ballet Ballett *(nt)* balètt

ballon Ball *(m)* bal

banane Banane *(f)* banane

banlieue Außenbezirk *(m)* **a**oussenn-bétsirk

banque Bank *(f)* bannk

bar *(café)* Kneipe *(f)* **kna**ïpe

barrage : barrage routier Straßensperre *(f)* **chtra**ssennchpère

barré durchgestrichen **dourch**-guechtrrichenn

bas¹ *n (vêtement)* Strümpfe *(pl)* **chtrump**fe

bas² *adj* niedrig **nî**drich; **en bas** *(mouvement)* nach unten naH **ounn**tenn; *(position)* unten **ounn**tenn

baskets Turnschuhe *(pl)* **tourn**chou-e

bateau Boot *(nt)* bôtt

bâtiment Gebäude *(nt)* gué**boï**de

batterie Batterie *(f)* bat**té**ri

battre schlagen **chlâ**guenn

beau schön cheunn

beaucoup viel fîl; **beaucoup de** viel fîl

bébé Baby *(nt)* bébi

belge belgisch **bèl**guich

Belgique Belgien *(nt)* **bèl**guyenn

besoin : avoir besoin de brauchen **braou**Henn

beurre Butter *(f)* **bout**èr

bibliothèque Bibliothek *(f)* bibli**ôtèk**

bicyclette Fahrrad *(nt)* **far**raat

bien gut goutt

bien sûr aber sicher **ab**èr **zi**cher

bientôt bald baltt

bière Bier *(nt)* bîr

bifteck Steak *(nt)* stèk

bijouterie Schmuckgeschäft *(nt)* **chmouk**-gué**chèf**tt

bijoux Schmuck *(m)* chmouk

billet Fahrkarte *(f)* **faar**karte; **billet aller et retour** Hin- und Rückfahrkarte *(f)* hin-ounnt **ruk**-faarkarte; **billet de banque** Banknote *(f)* **bannk**nôte

biscuit Keks *(m)* kèkss

blanc weiß vaïss; **blanc (de poulet)** Hähnchenfleisch *(nt)* **hènn**chènn-flaïch

blanchisserie Wäscherei *(f)* vèche**raï**

blessé Verletzter *(m)* fèr**lètts**-ter

blesser : se blesser sich verletzen zich fèr**lèts**enn

bleu¹ *n (sur la peau)* Quetschung *(f)* **kvèt**choung

bleu² *adj* blau blaou; *(steak)* englisch gebraten **ènn**glich gué**braa**tenn

bloc-notes Notizblock **notits**-blok

blonde *(bière)* hell hèl

bœuf Rindfleisch *(nt)* **rinntt**flaïch

boire trinken **trinn**kenn

bois *(matière)* Holz *(nt)* holts

boisson Getränk *(nt)* gué**trènn**k

boîte *(en carton)* Schachtel *(f)* **cha**Htèl; *(de conserves)* Dose *(f)* **dô**ze; *(de nuit)* Diskothek *(f)* disko**tèk**; **boîte aux lettres** Briefkasten *(m)* **brîf**kastenn; **une boîte d'allumettes** eine Schachtel Streichhölzer aïne **cha**Htèl **chtraïch**-heultsèr

bol Schlussel *(f)* *chussel*

bon[1] *n* Gutschein *(m)* *gouttchaïnn*

bon[2] *adj* gut *goutt*; **bon marché**
billig *bilik*

bonbon Bonbon *(nt)* *bonbon*

bondé voll *fol*

bonjour guten Tag *goutenn taak*

bon marché billig *bilik*

bonsoir guten Abend *goutenn
abennt*

bord Bord *(nt)* *bortt*; **à bord** an Bord
ann bortt; **bord de mer** Küste *(f)*
kusste

botte Stiefel *chtîfel*

bouche Mund *(m)* *mounnt*

bouché verstopft *fèrchtopfft*

boucherie Metzgerei *(f)*
mètts-guéraï

boucles d'oreilles Ohrringe *(mpl)*
ô-ringue

bouée *(de natation)* Schwimmring
(m) *chvimrinng*; **bouée de sauvetage**
Rettungsring *(m)* *rètounks-rinng*

bouger bewegen *bévéguenn*

bougie *(auto)* Zunkerze *(f)*
tsunntkèrtse

bouillir kochen *koHenn*

boulangerie Bäckerei *(f)* *bèkeraï*

bouquet *(de fleurs)* Strauß *(m)*
chtraouss

bout Ende *(nt)* *ènnde*; **à bout filtre**
Filterzigaretten *filtèrtsigarèttenn*

bouteille Flasche *(f)* *flache*;
bouteille de gaz *(f)* Gasflasche
gazflache

boutique Laden *(m)* *laadenn*;
Geschäft *(nt)* *guéchèft*; **boutique de
souvenirs** Souvenirladen *(m)*
souvenirlaadenn;

boutique hors taxes Duty-free-shop
(m) *diouti fri chop*

bouton Knopf *(m)* *knopf*

bras Arm *(m)* *arm*

brasserie *(café)* Lokal *(nt)* *lôkâl*

briquet Feuerzeug *(nt)* *foïer-tsoïk*

broche Spieß *(m)* *chpîss*

brochure Broschüre *(f)* *brochure*

bronzage Bräunung *(f)* *broïnoung*

bronzer bräunen *(f)* *broïnenn*

brosse Bürste *(f)* *bur-ste*; **brosse à
cheveux** Haarbürste *(f)* *haarburste*;
brosse à dents Zahnbürste *(f)*
tsân-bur-ste

brouillard Nebel *(m)* *nébèl*

bruit Lärm *(m)* *lèrm*

brûler verbrennan *fèrbrènnenn*

brun braun *braounn*

bruyant laut *laoutt*

bulletin : bulletin de consigne
Gutschein *(m)* *gouttchaïnn*

bureau Büro *(nt)* *burô*; **bureau de
change** Wechselstube *(f)*
véksèlchtoube; **bureau de location**
Vermietung *(f)* *fèrmîttounk*; **bureau
de poste** Postamt *(nt)* *postt-amtt*;
bureau de renseignements
Information *(f)* *innformatsiônn*;
bureau de tabac Tabakwaren-
geschäft *(nt)* *tabakvarenn-guéchèftt*;
bureau des objets trouvés Fundbüro
(nt) *founntburo*

buvette Getränkestand *(m)*
guetrènnk-chtannd

ça das *dass*

cabine Kabine *(f) kabîne*; **cabine d'essayage** Ankleidekabine *(f) annklaïde-kabîne*; **cabine téléphonique** Telefonzelle *(f) téléfonntsèle*

cabinet : cabinet médical/dentaire Arztpraxis/Zahnarztpraxis *(f) artstpraksiss/tsannartstpraksiss*; **cabinet de toilette** Toilette *(f) toilète*

cacahuète Erdnuß *(f) èrdnouss*

cacao Kakao *(m) kakaou*

cadeau Geschenk *(nt) guechènnk*

cafard Kakerlake *(m) kakèrlak*

café Kaffee *(m) kafé*; **café crème** Kaffee *(m)* mit Sahne *kafé mitt zâne*; **café décaféiné** Kaffee Hag ® *kafé haak*; **café au lait** Milchkaffee *milchkafé*; **café noir** schwarzer kaffee *chvartsèr kafé*; **café en poudre** Pulverkaffee *poulfèrkafé*

caisse Kasse *(f) kass-se*

calendrier Kalender *(m) kalénndèr*

camion Lkw *(m) èlkavé*

campagne Land *(nt) lannt*

camping *(lieu)* Campingplatz *(m) kèmmpinngplats; (activité)* Camping *(nt) kammpinng*

Canada Kanada *(nt) kanada*

canadien kanadisch *kanadich*

canard Ente *(f) ènnte*

canif Taschenmesser *(nt) tachennmèsser*

car Bus *(m) bouss*

caravane Wohwagen *(m) vônnvaguenn*

cardigan Strickjacke *(f) chtrik-yake*

carnaval Karneval *(m) karnéval*

carnet Notizbuch *(nt) nôtitsbouH*;

carnet de chèques Scheckbuch *(nt) chèk-bouH*

carotte Möhre *(f) meure*

carrefour Kreuzung *(f) kroïtsoung*

carte Karte *(f) karte*; **carte d'abonnement** Zeitkarte *(f) tsaïtkarte*; **carte de crédit** Kreditkarte *(f) kréditt-karte*; **carte de visite** Visitenkarte *(f) vîzitennkarte*; **carte d'identité** Personalausweis *(m) pèrzônaal-aoussvaïss*; **carte grise** ≈ Fahrzeugschein *(m) faartsoïkchaïnn*; **carte du jour** Tageskarte *(f) taguèsskarte*; **carte postale** Ansichtskarte *(f) annzichttskarte*; **carte routière** Straßenkarte *(f) chtrassennkarte*; **carte des vins** Weinkarte *(f) vaïnkarte*

cartouche *(de cigarettes)* Stange *(f) chtanngue*

cas Fall *(m) fal*

caserne Kaserne *(f) kazèrne*; **caserne des pompiers** Feuerwache *(f) foïer-vaHe*

casquette Schirmmütze *(f) chirm-muttse*

cassé kaputt *kapoutt*

casse-croûte belegtes Brot *(nt) béléktess brôtt*

casser *(casser qqchose)* kaputt machen *(m) kapoutt maHenn; (se casser)* kaputt gehen *(m) kapoutt guéHenn*

casserole Kochtopf *(m) koHtopf*

cassette Kassette *(f) kassètte*

cathédrale Dom *(m) dôm*

catholique katholisch *(m) katolich*

cause Grund *(m) grounntt*; **à cause de** wegen *véguenn*

caution Kaution *(f) kaoutsiônn*

cave Keller *(m) kèler*

ce/cette/ces *(ici)* diese *dîze;* *(là)* der/die/das *(nt)/die dèr/dî/dass/dî*

céder weichen *vaïchenn;* **céder la priorité** Vorfahrt beachten *forfartt be-aHtenn*

CEE EG *(f) égué*

ceinture Gürtel *(m) gurtèl;* **ceinture de sécurité** Sicherheitsgurt *(m) zichèr-haïtss-gourtt*

cela jenes *iénes*

célibataire ledig *lédik*

celle-ci diese *dîze*

celle-là die *dî*

celui-ci dieser *dîzèr*

celui-là der *dèr*

cendrier Aschenbecher *(m) achenn-béchèr*

centre Zentrum *(nt) tsenntroum;* **centre commercial** Einkaufs-zentrum *(nt) aïnkaoufs-tsenntroum;* **centre hospitalier** Krankenhaus *(nt) krannkennhaouss;* **centre de sports et de loisirs** Sport- und Freizeitzentrum *(nt) chpôrt-ounntt-fraïtsaïtsenntroum*

centre-ville Stadtmitte *(f) chtattmite*

cerise Kirsche *(f) kirche*

ces diese *dîze*

c'est das ist *dass ist*

cette diese *dîze*

ceux-ci diese hier *dîze hir*

ceux-là diese dort *dîze dortt*

chaîne Kette *(f) kète*

chaise Stuhl *(m) chtoul;* **chaise longue** Liegestuhl *(m) lîguechtoul*

chambre Zimmer *(nt) tsimer;*

chambre à coucher Schlafzimmer *(nt) chlaftsimer;* **chambre double** Doppelzimmer *(nt) dopel-tsimer;* **chambre individuelle** Einzelzimmer *(nt) aïntseltsimer*

champ Feld *(nt) fèlt;* **champ de courses** Rennbahn *(f) rènnbann*

champignon Pilz *(m) pilts*

chandail Pullover *(m) poulôvèr*

change Wechsel *(m) vèksel*

changer ändern *ènndern;* **se changer** sich umziehen *zich oumtsîhenn;* **changer de train** umsteigen *oumchtaïguenn*

chanson Lied *(nt) lîtt*

chanter singen *zinguenn*

Chantilly *(crème)* Schlagsahne *(f) chlâkzaane*

chapeau Hut *(m) houtt*

chaque jede/r/s *yede/er/èss*

chariot *(à bagages)* Kofferkuli *(m) koferkouli; (au supermarché)* Einkaufswagen *(m) aïnkaoufs-vâguenn*

chasse Jagd *(f) yâktt*

château Schloß *(nt) chloss*

chaud warm *varm;* **j'ai chaud** mir ist warm *mîr isst varm*

chauffage Heizung *(f) haïtsoung*

chauffe-eau Boiler *(m) boïller*

chaussettes Socken *(pl) zokenn*

chaussures Schuhe *(pl) chouhe*

chemin Weg *(m) vèk*

chemin de fer Eisenbahn *(f) aïzennbann*

chemise Hemd *(nt) hèmtt*

chemisier Bluse *(f) blouze*

chèque Scheck *(m) chèk;*

chèque de voyage Reisescheck *(m)* *raïze-chèk*; **chèque postal** Postscheck *(m)* **post**chèk

cher teuer *toïer*

chercher suchen *zouHenn*

cheveux Haare *(pl)* **haa**re

cheville Knöchel *(m)* *kneuchèl*

chewing-gum Kaugummi *(m)* **kaou**goummi

chez bei *baï*

chien Hund *(m)* *hounntt*

chocolat Schokolade *(f)* *chokolade*

choisir aussuchen *aouss-zouHenn*

choix Wahl *(f)* *vaal*

chose Sache *(f)* *zaHe*

chou Kohl *(m)* *kôl*

chou de Bruxelles Rosenkohl *(m)* *rozènnkôl*

chou-fleur Blumenkohl *(m)* **blou**menn-kôl

chute Fall *(m)* *fal*

ciel Himmel *(m)* *himèl*

cigare Zigarre *(f)* *tsigarre*

cigarettes Zigaretten *(pl)* *tsigarèttenn*

cimetière Friedhof *(m)* **frîd**hôf

cinéma Kino *(nt)* *kînô*

cintre Kleiderbügel *(m)* **claïdèr-bu**guèl

cirage Schuhcreme *(f)* **chou**kréme

circulation Verkehr *(m)* *fèr**kér***

ciseaux Schere *(f)* **ché**-re

citron Zitrone *(f)* *tsitrône*; **citron pressé** Zitronensaft *(m)* *tsitrônennzaftt*; **citron vert** Limone *(f)* *limône*

clair hell *hèl*

classe Klasse *(f)* **klasse**; **classe affaires** Businessklasse *(f)* *biznèss**klasse***;

première/deuxième classe erste/zweite Klasse *(f)* **èr**ste/tsvaïte **klasse**

clé Schlüssel *(m)* *chlussel*; **clé minute** Schlüsseldienst *(m)* *chlusseldînnst*

clignotant Blinker *(m)* **blinn**ker

climat Klima *(nt)* *klima*

climatisation Klimaanlage *(f)* **klima**annlague

climatisé klimatisiert *klimatizîrtt*

clinique Klinik *(f)* *klinik*

clou Nagel *(m)* **na**guel

cœur Herz *(nt)* *hèrts*

coffre *(de voiture)* Kofferraum *(m)* **koffèr-ra**oum

coffre-fort Safe *(m)* *séïf*

coiffeur Friseur *(m)* *fri**zeur***

col *(de chemise)* Kragen *(m)* **krâ**guenn; *(en montagne)* Paß *(m)* *pass*

colis Päckchen *(nt)* **pèk**chenn

collants Strumpfhose *(f)* **chtroumpf**hôze

collier Kette *(f)* **kètte**

combien? wieviel? *vîfîl*

commander bestellen *bechtèlenn*

comme wie *vî*

commencer anfangen **ann**fanguenn

comment? wie bitte? *vî bitte*

commerçant(e) Händler(in) *(m/f)* **hènnd**ler(inn)

commissariat de police Polizeirevier *(nt)* *polit**saïrevîr***

communication Kommunikation *(f)* *komounika**tsyônn***; **communication interurbaine** Ferngespräch *(nt)* **fèrn**guéchprèch; **communication urbaine** Ortsgespräch *(nt)* **orts**guéchprèch

compagnie Gesellschaft *(f)* *guézèlchaft*; **compagnie aérienne** Fluggesellschaft *(f)* *floukguézèlchaft*

compartiment Abteil *(nt)* *aptaïl*; **compartiment fumeurs/non fumeurs** Raucherabteil/ Nichtraucherabteil *(nt)* *raouHèraptaïl/nichtraouHèraptaïl*

complet ausgebucht *aoussguébouH*

compliqué kompliziert *kommplitsîrtt*

comprenant mit *mitt*

comprendre verstehen *fèrchtéhenn*; **je ne comprends pas** ich verstehe (das) nicht *ich fèrchtéhe (dass) nichtt*

compris inbegriffen *innbegriffenn*; **tout compris** alles inbegriffen *alèss innbégrifenn*

compte Konto *(nt)* *konntô*

compteur Zähler *(m)* *tsèler*

concert Konzert *(nt)* *konntsèrtt*

concessionnaire Vertragshändler *(m)* *fèrtrakshèntlèr*

conducteur(trice) Fahrer(in) *(m/f)* *faarer(inn)*

conduire fahren *faarenn*

conduite Fahrweise *(f)* *faarvaïze*

confirmer bestätigen *béstétiguenn*

confiserie Süßwarengeschäft *(nt)* *zuss-varen-guéchèft*

confiture Konfitüre *(f)* *konfiture*

congélateur Gefriertruhe *(f)* *guéfrîrtrou-e*

connaître kennen *kènnenn*

conseiller empfehlen *èmmpfélenn*

consigne Aufbewahrung *(f)* *aoufbé-varoung*; **consigne automatique** Schließfach *(nt)* *chlîss-faH*

consommation Verzehr *(m)* *fèrtsèr*

constipé : je suis constipé ich habe Verstopfung *(f)* *ich haabe fèrchtopfounk*

consulat Konsulat *(nt)* *konnzoulaatt*

content zufrieden *tsoufrîdenn*

contraceptif Verhütungsmittel *(nt)* *fèr-utounksmittel*

contraire Gegenteil *(nt)* *guéguèntaïl*

contravention Strafzettel *(m)* *chtraftsétèl*

contre gegen *guéguenn*

contrôle Kontrolle *(f)* *konntrole*

coquetier Eierbecher *(m)* *aïèrbècher*

coquillages Meeresfrüchte *(pl)* *méressfruchte*

corde Seil *(nt)* *zaïl*

corps Körper *(m)* *keurper*

correct richtig *richtik*

correspondance Anschluß *(m)* *annchlouss*

costume *(d'homme)* Anzug *(m)* *anntsouk*

côte *(anatomie)* Rippe *(f)* *ripe*

côté Seite *(f)* *zaïte*; **à côté (de)** neben *nébenn*

côtelette Kotelett *(nt)* *kottlètt*

coton Baumwolle *(f)* *baoumvole*; **coton hydrophile** Watte *(f)* *vatte*

cou Hals *(m)* *halss*

couchage : sac de couchage Schlafsack *(m)* *chlâfzak*

couche Windel *(f)* *vinndèl*

coucher : se coucher schlafen gehen *chlafenn guéhenn*

couchette Liegewagen *(m)* *lîgue-vaguenn*

coudre nähen *nè-enn*

couleur Farbe *(f)* *farbe*

couloir Gang *(m)* *ganng*

coup Schlag *(m)* *chlak*; **coup de soleil** Sonnenbrand *(m)* *zonnènbranntt*

coupe Schnitt *(m)* *chnitt*

couper schneiden *chnaïdenn*

coupure Schnitt *(m)* *chnitt*; **coupure de courant** Stromausfall *(m)* *chtrômaoussfal*

courant[1] *n (électricité)* Strom *(m)* *chtrôm*

courant[2] *adj* fließend *flîssennt*

courrier Post *(f)* *postt*

courroie Keilriemen *(m)* *kaïlrîmenn*; **courroie de ventilateur** Ventilatorriemen *(m)* *vènntilator-rîmenn*

cours du change Wechselkurs *(m)* *vèksèlkourss*

court kurz *kourtss*

cousin(e) Cousin (Cousine) *(m/f)* *kouzin (kouzine)*

couteau Messer *(nt)* *mèsser*

coûter kosten *kostenn*

couvert[1] *n* Besteck *(nt)* *béchtèk*

couvert[2] *adj* bedeckt *bédèkt*

couverture *(literie)* Decke *(f)* *dèke*

crampe Krampf *(m)* *krammpf*

cravate Schlips *(m)* *chlipss*

crayon Bleistift *(m)* *blaïchtiftt*

crème Sahne *(f)* *zaane*; **crème fouettée** Schlagsahne *(f)* *chlâkzaane*

crêpe Pfannkuchen *(m)* *pfannkouHenn*

crevaison Platter *(m)* *platter*

crevette Krabbe *(f)* *krabe*

croisière Kreuzfahrt *(f)* *kroïtsfaart*

crudités Rohkost *(f)* *rôkosst*

crustacés Schalentiere *(pl)* *chalenntîre*

cuillère Löffel *(m)* *leufel*; **cuillère à café** Kaffeelöffel *(m)* *kaféleufel*; **cuillère à soupe** Suppenlöffel *(m)* *zoupennleufel*

cuir Leder *lédèr*

cuisiner kochen *koHenn*

cuisinière *(appareil)* Herd *(m)* *hèrtt*

cuit gekocht *guékoHtt*; **bien cuit** gut durchgebraten *goutt dourch-guébratenn*; **mal cuit** nicht gar *nichtt gaa*; **pas assez cuit** nicht durch-gebraten *nichtt dourchguébratenn*; **trop cuit** zu lange gebraten *tsou langue guébratenn*

cure : cure thermale Thermalkur *(f)* *tèrmalkour*

d'abord zuerst *tsouèrstt*

d'accord einverstanden *aïnfèrchtanndenn*

danger Gefahr *(f)* *guéfaa*

dangereux geährlich *guéfèrlich*

dans in *inn*

danser tanzen *tanntsenn*

date Datum *(nt)* *datoum*

de von *fonn*

début Anfang *(m)* *annfanng*

débutant Anfänger *(m)* *annfènnguer*

décaféiné Kaffee Hag ® *kafé haak*

décapsuleur Flaschenöffner *(m)* *flachenneufner*

déclarer erklären *èrklérenn*; **rien à déclarer** nicht zu verzollen *nichtss tsou fèrtsollenn*

décollage Abflug *(m)* *apflouk*

déçu enttäuscht *ennt-toïchtt*

défaut Fehler *(m) félèr*

défendu verboten *fèrbotenn*

dégâts Schaden *(m) chadenn*

dégivrer enteisen *ènntt-aizenn*

dégustation *(de vin)* (Wein)probe *(f) (vaïnn)probe*

dehors draußen *draoussenn*

déjà schon *chôn*

déjeuner Mittagessen *(nt) mitaak-èssenn*; **petit déjeuner** Frühstück *(nt) fruchtuk*

délicieux lecker *lèker*

demain morgen *morguenn*

demander fragen *fraguenn*

démangeaison Juckreiz *(m) ioukraïts*

démaquillant Reinigungsmilch *raïnigoungsmilch*

demi halb *halp*; **un demi (de bière)** ein kleines Bier *aïnn klaïnes bîr*

demi-heure halbe Stunde *(f) halbe chtounnde*

demi-pension Halbpension *(f) halp-pennsyônn*

dent Zahn *(m) tsaann*

dentier Gebiß *(m) guébiss*

dentifrice Zahnpasta *(f) tsaannpasta*

dentiste Zahnarzt *(m) tsaann-artstt*

déodorant Deodorant *(nt) déodorannt*

dépanneuse Abschleppdienst *(m) apchlèppdînnstt*

départ Abfahrt *(f) apfaart*

dépêcher beeilen *béaïlenn*

dépliant Prospekt *(m) prosspèkt*

depuis seit *zaïtt*; **depuis que** seit *zaïtt*

dérangement Störung *(f) chteuroung*

déraper ausrutschen *aoussroutchenn*

dernier letzter *lètstèr*; **la semaine dernière** letzte Woche *lètse voHe*

descendre hinuntergehen *hinn-ounntèr-guéhenn*; *(de véhicule)* aussteigen *aouss-chtaïguenn*

désinfectant Desinfektionsmittel *(nt) désinnfektyônnsmittel*

désolé : je suis désolé(e) es tut mir leid *èss toutt mir laïtt*

dessert Nachtisch *(m) naHtich*

dessous unter *ounnter*

dessus über *uber*

détendre : se détendre sich entspannen *zich ènntchpannenn*

deux zwei *tsvaï*; **les deux** beide *baïde*

deuxième zweite(r) *tsvaïte(r)*

devant vor *for*

devoir müssen *mussenn*; **je dois** ich muß *ich mouss*

diabétique Diabetiker *(m) diabétiker*

diapositives Dias *(pl) dîass*

diarrhée Durchfall *(m) dourchfall*

dictionnaire Wörterbuch *(nt) veurtèr-bouH*

diététique Diät- *dièt*

difficile schwer *chvèr*

dîner¹ *n* Abendessen *(nt) abennt-èssenn*

dîner² *vb* zu Abend essen *tsou abennt èssenn*

dire sagen *zaaguenn*

direct direkt *dirèkt*; **train direct** Schnellzug *(m) chnèltsouk*

directeur(trice) Direktor(in) *(m/f) dirèktor(inn)*

direction (sens) Richtung (f) **rich**toung

disque (musique) Schallplatte (f) **chal**platte

distractions Vergnügungen (pl) **fèr**g-nugounguenn

divorcé geschieden gué**chi**denn

dommage : c'est dommage schade **chaa**de

donner geben gué**benn**

dormir schlafen **chlaa**fenn

dos Rücken (m) **ru**kenn

douane Zoll (m) tsol

doubler (dépasser) überholen uber**ô**lenn

douche Dusche (f) **douche**

douleur Schmerzen (pl) **chmèrt**senn

douzaine Dutzend (nt) **dout**senntt

drap Laken (nt) **la**kenn

droguerie Drogerie (f) **drogue**rî

droit (opposé à gauche) rechte(r) **rèch**te(r); **à droite** rechts **rèch**ts; **tout droit** geradeaus guerâde-**aouss**

dur hart haatt

durée Dauer (f) **daou**èr

duvet Federbett (nt) **fé**dèr-bètt

eau Wasser (nt) **vas**sèr; **eau courante** fließend Wasser (nt) **flîs**senntt vasser; **eau de Javel** Chlorwasser (nt) **klor**vassèr; **eau minérale** Mineralwasser (nt) miné**ral**vasser; **eau potable** Trinkwasser (nt) **trinnk**vassèr

échanger tauschen **taou**chenn

échantillon Probe (f) **prô**be

écharpe Schal (m) chaal

école Schule (f) **choule**

écouteur Kopfhörer (m) **kopf**-heurèr

écrire schreiben **chraï**benn

église Kirche (f) **kîr**che

élastique Gummi (nt) **goum**mi

électricité Strom (m) chtrôm

électrique elektrisch é**lèk**trich

elle sie zî

elles sie zî

emballage Verpackung (f) **fèr**pakoung

embarquement Boarding (nt) **bôr**dinng; **carte d'embarquement** Bordkarte (f) **bortt**karte

embouteillage Stau (m) chtaou

embrayage Kupplung (f) **koupp**loung

emporter mitnehmen **mitt**némenn; **à emporter** zum Mitnehmen tsoum **mitt**némenn

en : en voiture im Auto (nt) im **aou**to

en-cas Imbiß (m) **im**biss

enceinte schwanger ch**vann**guèr

enchanté! angenehm! ann**gué**ném

encore noch noH; **encore une fois** noch einmal noH **aïn**nmaal

endroit (lieu) Ort (m) ortt

enfant Kind (nt) kinntt

ennuyeux langweilig **lann**kvaïlich

enregistrement Aufnahme (f) **aouf**naame; **enregistrement des bagages** Gepäckaufgabe (f) gué**pèk**-aoufgabe

enregistrer (bagages) aufgeben **aouf**guébenn

ensemble zusammen tsou**za**menn

entendre hören **heu**renn

entier ganz gannss

entre zwischen **tsvi**chenn

entrée Eintritt (m) **aïn**tritt; **entrées**

froides/chaudes kalte/warme Vorspeisen *(pl)* **kalte/varme** *forchpaïzenn*

entremets Nachtisch *(m)* **naH***tich*

entrer eintreten *aïntrétenn*

enveloppe Umschlag *(m)* **oum***chlak*

environ ungefähr *ounnguéfèr*;

environs die Umgebung *dî* **oum***guéboung*

envoyer schicken *chikenn*

épais dick *dik*

épicerie Lebensmittelgeschäft *(nt)* **lébenns-mittèl-gué***chêft*

épingle Stecknadel *(f)* **chtèk***-nâdèl*; **épingle de nourrice** Sicherheitsnadel *(f)* **zicher-haittss-***naadl*

épouse Ehefrau *(f)* **é-e-fraou***

équitation Reiten *(nt)* **raï***tenn*

erreur Fehler *féler*

escale Zwischenlandung *(f)* **tsvichenn-lannd***doung*

escalier Treppe *(f)* **trèpe**; **escalier roulant** Rolltreppe *(f)* **roll***trèpe*

espace Platz *(m)* **plattss**

Espagne Spanien *chpanyènn*

essayer probieren *probîrenn*; *(vêtement)* anprobieren **ann-probîrenn***

essence Benzin *(nt)* **bènntsînn***

essuie-glace Scheibenwischer *(m)* **chaïbenn-vi***chèr*

est¹ *vb* : **il/elle est** er/sie ist *èr/zî istt*

est² *n* Osten *(m)* **osstenn***

estomac Magen *(m)* **maguenn***

et und *ounntt*

étage Stockwerk *(nt)* **chtok***vèrk*

été Sommer *(m)* **zomer***

éteindre ausschalten *aoussschaltenn*

étiquette Etikett *(nt)* **éti***quètt*

étoile Stern *(m)* **chtèrn***

étranger fremd *frèmtt*; Ausländer *(m)* **aouss***lèndèr*; **à l'étranger** im Ausland *im aousslannt*

être sein *zaïnn*; *voir* **GRAMMAIRE**

étudiant(e) Student(in) *(m/f)* *chtou***dènnt***(inn)*

Europe Europa *(nt)* *oï***ropa***

eux sie *zî*

évanouir : s'évanouir in Ohnmacht *(f)* fallen *inn* **ônnmaHt** *falenn*

excédent de bagages zuviel Gepäck *tsoufîl guépèk*

excellent ausgezeichnet *aoussgué-tsaïchnètt*

excursion Ausflug *(m)* **aouss***flouk*

excuser : excusez-moi Entschuldigung *énntchouldigoung*

expliquer erklären *èrklèrenn*

exposition Austellung *(f)* **aous-chtéloung***

exprès mit Absicht *mitt apzicht*; **par exprès** Eilzustellung *(f)* **aïltsou-chtèlounk***

express *(train)* Schnellzug *(m)* **chnèltsouk***

expresso *(café)* Espresso *(m)* **èss***présso*

extincteur Feuerlöscher *(m)* **foïèr-leuchèr***

face : en face de gegenhüber *guéguénuber*

facile einfach *aïnfaH*

facture Rechnung *(f)* **rèchnoung***

faim Hunger *(m)* **hounnguèr**; **avoir faim** Hunger haben *hounnguèr haabenn*

faire machen *maHenn*; tun *toun*; **ça ne fait rien** das macht nichts *dass maHtt nichttss*

falloir : il faut man muß *mann mouss*

famille Familie *(f)* fa*mi*lye

farine Mehl *(nt)* mél

fatigué müde *mu*-de

faute : c'est de ma faute das ist meine Schuld *(f)* dass istt **maï**nne choultt

fauteuil Sessel *(m)* **zè**ssel

faux falsch falch

félicitations Glückwünsche *(pl)* **gluk**vunnche

femme Frau *(f)* fraou; **femme de chambre** Zimmermädchen *(nt)* **tsi**mermètchèn

fenêtre Fenster *(nt)* **fènn**ster

fer : fer à repasser Bügeleisen *(nt)* **bu**guel-aïzenn

fermé geschlossen gué**chlo**ssenn

fermer schließen **chlî**ssenn; **fermer à clé** zuschließen **tsou**chlîssenn

fermeture Éclair ® Reißverschluß *(m)* **raïss**-fèr-chlouss

ferry Fähre *(f)* **fè**re

fête Fest *(nt)* fèsst

feu Feuer *(nt)* **fo**ïer; **feux (tricolores)** Ampel *(f)* **amm**pèl

feuille Blatt *(nt)* blatt; **feuille de papier** Blatt Papier blatt pa**pî**r

fiancé Verlobter *(m)* **fèr**lopter

ficelle Schur *(f)* chnour

fiche : fiche horaire Zeittafel *(f)* **tsaït**-tafèl

fièvre Fieber *(nt)* **fî**ber

filet Netz *(nt)* nèttss

fille *(jeune fille)* Mädchen *(nt)*; *(parenté)* Tochter *(f)* **toH**tèr

film Film *(m)* film; **film couleurs** Farbfilm *(m)* **farb**film

fils Sohn *(m)* zônn

fin Ende *(nt)* **ènn**de

finir beenden bé-**ènn**denn

flash Blitzlicht *(nt)* **blittss**-licht

fleur Blume *(f)* **blou**me

fleuriste Blumenhändler *(m)* **blou**menn-**hènnt**ler

fleuve Fluß *(m)* flouss

foie Leber *(f)* **lé**bèr

foire Messe *(f)* **mè**sse

fois Mal *(nt)* mal; **une fois** einmal **aïn**mal

fonctionner funktionieren founktsyo**nî**renn

fond Grund *(m)* grounntt

forêt Wald *(m)* valtt

forfait Pauschale *(f)* paou**cha**le

formulaire Formular *(nt)* formou**lar**

fort stark chtaak

fourchette Gabel *(f)* **ga**bel

fragile empfindlich èm**pfinn**tlich

frais frisch frich

fraise Erdbeere *(f)* **èrd**bére

framboise Himbeere *(f)* **him**bére

français französisch frann**tseu**zich

Français(e) Franzose (Französin) *(m/f)* frann**tsô**ze (frann**tseu**zinn)

France Frankreich *(nt)* **frann**kraïch

frein Bremse *(f)* **brèm**ze; **frein à main** Handbremse *(f)* **hanntt**-brèm-ze

frère Bruder *(m)* **brou**der

frites Pommes frites *(pl)* pôm fritt

froid kalt kalt

fromage Käse *(m)* **kè**ze

frontière Grenze *(f)* **grènn**tse

fruit Obst *(nt)* opst; **fruits de mer** Meeresfrüchte *(pl)* **mé**ressfruchte

fuite Leck *(nt)* *lèk*
fumée Rauch *(m)* *raouH*
fumer rauchen *raouHenn*
fumeur Raucher *(m)* *raouHer*

galerie *(d'art)* Galerie *(f)* *galérî*; *(sur une voiture)* Dachgepäckträger *(m)* *daH-guépèk-trai-guèr*
gant Handschuh *(m)* *hannt*chou
garage Werkstatt *(f)* *vèrkchtatt*
garantie Garantie *(f)* *guaranntî*
garçon Junge *(m)* *youngue*; *(serveur)* Kellner *(m)* *kèlnèr*
garde : pharmacie/médecin de garde dienstbereite Apotheke/Notarzt *(m)* *dînnstberaîte apôtèke/nôtartst*
gare Bahnhof *(m)* *baann-hôf*; **gare routière** Busbahnhof *(m)* *bouss-bannhôf*
garer parken *parkenn*; **se garer** parken *parkenn*
garniture Beilage *(f)* *baîlague*
gas-oil Diesel *(m)* *dîsel*
gâteau Kuchen *(m)* *kouHenn*
gauche linke(r) *linnke(r)*; **à gauche** links *linnkss*
gaz Gas *(nt)* *gass*
gel *(temps)* Frost *(m)* *frosstt*
genou Knie *(nt)* *knî*
gens Leute *(pl)* *loïtte*
gentil nett *nèt*
gibier Wild *(nt)* *viltt*
gilet Weste *(f)* *vèste*; **gilet de sauvetage** Schwimmweste *(f)* *chvimvèste*
glace *(dessert)* Eiskrem *(m)* *aïsskrém*; *(miroir)* Spiegel *(m)* *chpîguèl*; *(vitre)* Glas *(nt)* *glass*

glaçon Eiswürfel *(m)* *aïssvurfèl*; **avec des glaçons** mit Eiswürfeln *mitt aïssvurfeln*
gorge : mal de gorge Halsschmerzen *(mpl)* *halss-chmèrtsenn*
goût Geschmack *(m)* *guéchmak*
goûter probieren *probîrenn*
grand groß *grôss*
Grande-Bretagne Großbritannien *(nt)* *grôssbritanyenn*
grande surface Supermarkt *(m)* *zoupermarkt*
grand magasin Kaufhaus *(nt)* *kaouffhaouss*
gratis gratis *gratiss*
gratuit gratis *gratiss*
grave schlimm *chlimm*
grève Streik *(m)* *chtraïk*; **en grève** im Streik *im chtraïk*
grippe Grippe *(f)* *grippe*
gris grau *graou*
gros dick *dik*
groupe Gruppe *(f)* *groupe*; **groupe sanguin** Blutgruppe *(f)* *bloutt-groupe*
guichet Schalter *(m)* *chalter*
guide *(livre)* Reiseführer *(m)* *raïzefurer*; *(accompagnateur)* Reiseleiter *(m)* *raïzelaïter*

habiter wohnen *vonenn*
habituel gewohnt *guévônnt*
handicapé behindert *be-hinn-dèrt*
haricots Bohnen *(pl)* *bônenn*
haut hoch *hôH*; **en haut** *(mouvement)* nach oben *naH ôbenn*; *(position)* oben *ôbenn*

hauteur Höhe *(f)* *heu-e*

hébergement Unterkunft *ounn**tèr**-kounnftt*

heure Stunde *(f)* *chtounnde*; **à l'heure** rechtzeitig *recht-tsaïtik*; **quelle heure est-il?** wie spät ist es? *vî chpètt istt èss*

hier gestern *guèsstern*

hiver Winter *(m)* *vinnter*

homard Hummer *(m)* *hoummer*

homme Mann *(m)* *mann*; (espèce humaine) Mensch *(m)* *mènch*

hôpital Krankenhaus *(nt)* *krannkennhaouss*

horaire Zeitplan *(m)* *tsaïtt-plân*

hors de außerhalb *aousserhalp*

hors-d'œuvre Vorspeise *(f)* *forchpaïze*

hors taxes ohne Mehrwertsteuer *ône mèrvèrt-chtoïèr*

hôtel Hotel *(nt)* *hôtèl*

huile Öl *(nt)* *eul*; **huile solaire** Sonnenöl *(nt)* *zonnenneul*

huître Auster *(f)* *aouster*

humide feucht *foïchtt*

ici hier *hîr*

il er *èr*

île Insel *(f)* *innzel*

ils sie *zî*

immédiatement sofort *zofortt*

imperméable[1] *adj* wasserdicht *vass**erdichtt*

imperméable[2] *n* Regenmantel *(m)* *réguenn-manntèl*

important wichtig *vichtig*

impossible unmöglich *ounn**meuk**lich*

incendie Brand *(m)* *branntt*

inclure umfassen *oum**fassenn*

inclus inbegriffen *inn-be-griffenn*

indications Hinweise *(pl)* *hinn**vaïze*

indigestion Verdauungsstörung *(f)* *fèr**daou**-oungs-**chteu**roung*

infection Entzündung *(f)* *ennt**sunn**dounk*

informations Informationen *(pl)* *inn**forma**tsyônenn*

infusion Kräutertee *(m)* *croï**terté*

instantané (café) löslich *leus**lich*

insuline Insulin *(nt)* *innsoulinn*

interdit verboten *fèr**bôtenn*

intéressant interessant *inn**térèssanntt*

intérieur innere *inere*; **à l'intérieur** innen *inenn*

intoxication alimentaire Lebensmittelvergiftung *(f)* *lébenns-mittel-fèr-**guiff**-toung*

introduire einführen *aïn**furenn*

inviter einladen *aïn**ladenn*

issue Ausgang *(m)* *aouss**ganng*

Italie Italien *italy**ènn*

italien italienisch *italié**nich*

itinéraire Strecke *(f)* *chtrèke*

jamais nie *nî*

jambe Bein *(nt)* *baïnn*

jambon Schinken *(m)* *chinn**kenn*

jardin Garten *(m)* *gartenn*

jaune gelb *guèlp*

je ich *ich*

jeter werfen *vèr**fenn*; **à jeter** zum Wegwerfen *tsoum **vèk**vèrfenn*

jeu Spiel *(nt)* *chpîl*

jeune jung *younnk*

joli hübsch *hupch*

jouer spielen *chpîlenn*

jour Tag *(m) taak*; **jour de fermeture** Ruhetag *(m) rouhetaak*

journal Zeitung *(f) tsaïtoung*

journée Tag *(m) taak*

juif jüdisch *yudich*

jupe Rock *(m) rok*

jus Saft *(m) zaftt*; **jus de citron** Zitronensaft *(m) tsitrônennzaftt*; **jus d'orange** Orangensaft *(m) ôrangenn-zaftt*; **jus de pomme** Apfelsaft *(m) appfèl-zaftt*

jusqu'à bis *biss*

kilo Kilo *(nt) kîlo*

kilométrage Kilometerbegrenzung *(f) kilométer-bégrenntsoung*; **kilométrage illimité** ohne Kilometerbegrenzung *ône kilométer-bégrenntsoung*

kilomètre Kilometer *(m) kilométer*

Klaxon ® Hupe *(f) houpe*

Kleenex ® Tempo ® *(nt) tèmmpô*

K-Way ® Regenjacke *(f) réguennyake*

là dort *dortt*

là-bas dort hinten *dortt hinntenn*

lac See *(m) zé*

lacet Schnürsenkel *(m) chnur-zennkel*

laine Wolle *(f) vole*; **en laine** aus Wolle *aouss vole*

laisser lassen *lassenn*; **laisser un message** eine Nachricht hinterlassen *aïne naHricht hinnterlassenn*

lait Milch *(f) milch*; **lait démaquillant**

Reinigungsmilch *(f) raïnigoungsmilch*; **lait solaire** Sonnenmilch *(f) zonnennmilch*

laitue Kopfsalat *(m) kopfzalatt*

lame de rasoir Rasierklinge *(f) razîr-klinngue*

lampe Lampe *(f) lammpe*; **lampe de poche** Taschenlampe *(f) tachennlammpe*

landau Kinderwagen *(nt) kinnder-vaguenn*

langue *(anatomie)* Zunge *(f) tsounngue*; *(dialecte)* Sprache *(f) chpraHe*

lard Speck *(m) chpèk*

large breit *braïtt*

lavable waschbar *vachbar*

lavabo Waschbecken *(nt) vach-bèkenn*; **lavabos** Waschraum *(m) vachraoum*

laver waschen *vachenn*

laverie Waschsalon *(m) vachzalonn*

lave-vaisselle Geschirrspülmaschine *(f) guéchir-chpulmachine*

leçon Lektion *(f) lèktsyonn*

léger leicht *laïchtt*

légumes Gemüse *(nt) guémuze*

lent langsam *lannkzaam*

lentement langsam *lannkzam*

lentille Linse *(f) linnze*

lentilles de contact Kontaktlinsen *(fpl) konntaktlinnzenn*

lessive *(activité)* Wäsche *(f) vèche*; *(poudre)* Waschpulver *(nt) vachpoulfer*

lettre Brief *(m) brîf*; **lettre recommandée** Einschreibebrief *(m) aïnchraïbebrîf*

lever : se lever aufstehen *aouf-chté-enn*

librairie Buchhandlung *(f)* **bouH**hanndloung

libre frei *fraï*

lieu Ort *(m)* ortt

lime : lime à ongles Nagelfeile *(f)* **nâ**guel-**faï**le

limitation de vitesse Höchstgeschwindigkeit *(f)* **heukstt**guéchvinndich-**kaïtt**

linge Wäsche *(f)* **vèche**

liquide de freins Bremsflüssigkeit *(f)* **brèms**sflussik-kaïtt

liste Liste *(f)* **liss**te; **liste d'attente** Warteliste *(f)* **var**telisste

lit Bett *(nt)* **bètt**; **grand lit** Ehebett *(nt)* **éhe**bètt; **lit à une place** Einzelbett *(nt)* **aïn**tsèl-bètt

litre Liter *(m)* **lit**ter

livraison Lieferung *(f)* **lî**feroung

livre Buch *(nt)* **bouH**; *(poids)* Pfund *(nt)* **pfou**nnt

location Miete *(f)* **mî**te

logement Unterkunft *(f)* **ounn**ter-**kounn**ftt

loger unterbringen **ounn**ter-**brinn**guenn

loin weit *vaïtt*

loisirs Freizeit *(f)* **fraï**tsaïtt

long lang *lanng*; **le long de** entlang **ennt**lanng

longtemps lange **lann**gue

longueur Länge *(f)* **lènn**gue

louer mieten **mî**tenn

lourd schwer *chvér*

loyer Miete *(f)* **mî**te

lui er *èr*

lumière Licht *(nt)* *licht*

lune Mond *(m)* **mônn**ntt

lunettes Brille *(f)* **bri**le; **lunettes de soleil** Sonnenbrille *(f)* **zo**nennbrile

ma mein(e) *maïnn (**maï**nne)*

machine à laver Waschmaschine *(f)* **vach**machine

Madame Frau *fraou*

Mademoiselle Fräulein *froï**laïn*

magasin Geschäft *(nt)* gué**chèft**

magazine Zeitschrift *(f)* **tsaï**ttchrifft

magnétophone Kassettenrekorder *(m)* ka**zè**tennrékordèr

magnétoscope Videorekorder *(m)* **vi**déoré**kor**der

maillot : maillot de bain Badeanzug *(m)* **ba**deanntsouk

main Hand *(f)* hannt; **fait main** handgemacht **hannt**guéma**Htt**

maintenant jetzt *yètst*

mairie Rathaus *(nt)* **râtt**-haouss

mais aber *a**bèr***

maison Haus *(nt)* haouss; **à la maison** zu Hause tsou **haou**ze

mal[1] *adv* schlecht *chlèchtt*

mal[2] *n* Schmerz *(m)* **chmèrts**; **mal de dents** Zahnschmerzen *(pl)* tsaan-**chmèrt**senn; **mal de tête** Kopfschmerzen *(pl)* **kopf**-chmèrtsenn; **mal de mer** Seekrankheit *(f)* **zé**krannkhaïtt

malade krank *krannk*

manche Ärmel *(m)* **èr**mel

manger essen **é**ssenn

manteau Mantel *(m)* **mann**tèl

maquillage Schminke *(f)* **chmi**nnke

marche *(d'escalier)* Stufe *(f)* **chtou**fe

marché Markt *(m)* markt

marcher *(se promener)* gehen **gué**henn; *(fonctionner)* funktionieren founk-tsyo-**nî**renn

marée Ebbe und Flut *(f)* **è**be ounntt floutt; **marée basse** Ebbe *(f)* **è**be; **marée haute** Flut *(f)* floutt

margarine Margarine *(f) maaguarine*
mari Ehemann *(m) é-e-mann*
marié verheiratet *fèrhaïratett*
marque Marke *(f) marque*
marron braun *braounn*
marteau Hammer *(m) hammer*
mascara Wimperntusche *(f) vimmpèrn-touche*
matelas Matratze *(f) matrattse*
matin Morgen *(m) morguenn*
matinée Vormittag *(m) formitaak*
mauvais schlecht *chlècht*
mécanicien *(auto)* Kfz-Mechaniker *(m) ka-èff-tsètt-méchaniker*
médecin Arzt *(m) artstt*; **médecin spécialiste** Facharzt *(m) faHartstt*
médicament Medikament *(nt) médikamenntt*
meilleur besser *besser*
même selbst *zèlbst*; **le/la même** der/dieselbe *dèr/dîzelbe*
menu Menü *(nt) menu*; **menu du jour** Tagesmenü *(nt) taguessménu*
mer Meer *(nt) mér*
merci danke *dannke*
mère Mutter *(f) mouter*
mes meine *maïnne*
message Nachricht *naHrichtt*
messe Messe *(f) mèsse*
météo Wetterbericht *(m) véterbericht*
métier Beruf *(m) bérouf*
métro U-Bahn *(f) oubânn*
mettre legen *léguenn*; stellen *chtèllenn*
meubles Möbel *(pl) meubel*
midi Mittag *(m) mitaak*

mieux besser *bésser*
milieu Mitte *(f) mite*
minuit Mitternacht *(f) miternaHtt*
miroir Spiegel *(m) chpíguel*
mixte gemischt *guémichtt*
moins weniger *véniguer*; **moins de** weniger als *véniguer alss*
mon mein(e) *maïn (maïnne)*
monde Welt *(f) vèlt*; **tout le monde** alle *alle*
monnaie Kleingeld *(nt) klaïnguèlt*
Monsieur Herr *hèr*
montagne Berg *(m) bèrk*
montant *(somme)* Betrag *(m) bétrak*
monter hinaufgehen *hinnaoufguéhenn*; **monter à bord de/dans** an Bord gehen von… *ann bortt guéhenn fonn…*
montre Armbanduhr *(f) armbanntt-our*
montrer zeigen *tsaïguenn*
monument Denkmal *(nt) dènnkmaal*
morceau Stück *(nt) chtuk*
morsure Biß *(m) biss*
mort tot *tott*
mot Wort *(nt) vortt*
moteur Motor *(m) môtor*
moto Motorrad *(nt) môtôratt*
mouchoir Taschentuch *(nt) tachenntouH*; **mouchoir en papier** Papiertaschentuch *(nt) papîrtachenntouH*
mouillé naß *nass*
moules Muscheln *(fpl) mouchelnn*
mousse Schaum *(m) chaoum*; **mousse à raser** Rasierschaum *(m) razîr-chaoum*

moustique Mücke *(f)* **mu**ke

moutarde Senf *(m)* zenff

moyen mittelgroß **mit**tèlgross

mur Mauer *(f)* maouèr

mûr reif raïff

mûre Brombeere *(f)* **bromm**bère

musée Museum *(nt)* mou**zé**oum

musique Musik *(f)* mou**zik**

musulman Mohammedaner *(m)* moha**me**danèr

myope kurzsichtig **kourts-zi**chtik

nager schwimmen **chvi**menn

natation Schwimmen *(nt)* **chvi**menn

nature Natur na**tour**

naturel natürlich na**tur**lich

ne : ne... pas nicht nichtt

né geboren gué**bô**renn

nécessaire notwendig **nôtt**vènndik; **nécessaire de toilette** Necessaire *(nt)* néssé**sèr**

négatif Negativ *(nt)* **né**gatif

neige Schnee *(m)* chné

nettoyage Reinigung *(f)* **raï**nigoung; **nettoyage à sec** (chemische) Reinigung *(ché*miche) **raï**nigoung

neuf neu noï

niveau Höhe *(f)* heu-e

Noël Weihnachten *(nt)* **vaï**naHten

noir schwarz chvarts

noisette Haselnuß *(f)* **ha**zèlnouss

noix Walnuß *(f)* **val**nouss

nom Name *(m)* **na**me; **nom de famille** Nachname *(m)* **naH**naame; **nom de jeune fille** Mädchenname *(m)* **mèt**chenn-**naa**me

nombre Zahl *(f)* tsaal

non nein naïn

non-fumeur Nichtraucher *(m)* **nichtt**-raouHer

nord Norden *(m)* **nor**denn

normal normal nor**mal**

nos unsere **ounn**zere

note Note *(f)* **nô**te

notre unser(e) **ounn**zer(e)

nouilles Nudeln *(pl)* **nou**deln

nourriture Nahrung *(f)* **nâ**roung

nous wir vir

nouveau neu noï

nouvelles Neuigkeiten *(pl)* **noï**ik-kaïtenn

nu nackt nakt

nuageux bewölkt bé**veulk**tt

nuit Nacht *(f)* naHtt

nulle part nirgends **nir**guénnts

numéro Nummer *(f)* **nou**mer; **numéro d'immatriculation** Autokennzeichen *(nt)* **aou**tô-**kènn**tsaïchenn

objectif (photo) Objektiv *(nt)* o**pièk**tif

objets trouvés Fundsachen *(npl)* **founn**tsaHenn

obligatoire vorgeschrieben for**gué**-**chrî**benn

obtenir erhalten èr**hal**tenn

obturateur Verschluß *(m)* fèr**chlouss**

occupé besetzt bé**zèt**stt

œil Auge *(nt)* **aou**gue

œuf Ei *(nt)* aï; **œuf à la coque** weichgekochtes Ei vaïch gué**coH**tèss aï; **œuf dur** hartgekochtes Ei hartt gué**koH**tèss aï; **œuf poché** pochierte Eier po**chîr**tte aïer; **œuf sur le plat** Spiegelei *(nt)* **chpî**gelaï; **œufs brouillés** Rühreier *(pl)* **ru**raïer

oignon Zwiebel *(f)* *tsvîbel*

oiseau Vogel *(m)* *fôguel*

olive Olive *(f)* *olive*

ombre : ombre à paupières
Lidschatten *(m)* *litt-chattenn*

omelette Omelette *(nt)* *omelète*

ont : ils/elles ont sie haben *zî haabenn*

opticien Optiker *(m)* *optiker*

or *(métal)* Gold *(nt)* *golt*; **en or**
golden *goldènn*

orage Gewitter *(nt)* *guéviter*

orange Orange *(f)* *ôrange*; **orange pressée** frisch gepresster Orangensaft *(m)* *frich guéprèsster ôrangennzaft*

ordinaire gewöhnlich *guéveunnlich*; **(essence) ordinaire** Normal(benzin) *(nt)* *normaal(bènntsînn)*

ordonnance Rezept *(nt)* *rétsèpt*

ordures Abfälle *(pl)* *apfèle*

oreiller Kopfkissen *(nt)* *kopf-kissenn*

os Knochen *(m)* *knoHenn*

ou oder *ôder*

où wo *vô*

oublier vergessen *fèrguèssenn*

ouest Westen *(m)* *vèstenn*

oui ja *ya*

ouvert offen *ofenn*

ouvre-boîtes Dosenöffner *(m)* *dozèneuffner*

ouvrir aufmachen *aoufmaHenn*

pain Brot *(nt)* *brôôtt*; **pain complet** Vollkornbrot *(nt)* *folkôrnbrôôtt*

paire Paar *(nt)* *paar*

palais Palast *(m)* *palast*

pamplemousse Pampelmuse *(f)* *pammpèlmouze*

panier Korb *(m)* *korp*

panier-repas Picknick-Korb *(m)* *piknik-korp*

panne Panne *(f)* *panne*; **en panne** kaputt *kapoutt*

panneau Tafel *(f)* *tafèl*; **panneau indicateur** Anzeigetafel *(f)* *anntsaïguetafèl*

pansement Verband *(m)* *fèrbanntt*

pantalon Hose *(f)* *hôze*

papeterie Schreibwarengeschäft *(nt)* *chraïbvarennguéchèft*

papier Papier *(nt)* *papîr*; **papiers** *(d'identité)* Papiere *(pl)* *papîre*; **papier hygiénique** Toilettenpapier *(nt)* *toilèttenn-papîr*

paquet Paket *(nt)* *pakètt*

par durch *dourch*; **par personne** pro Person *prô perzonn*

parapluie Regenschirm *(m)* *réguennchirm*

parc Park *(m)* *park*; **parc d'attractions** Vergnügungspark *(m)* *fèrg-nugoungspark*

parce que weil *vaïl*

parcmètre Parkuhr *(f)* *parkour*

pardon! Entschuldigung! *énntchouldigoung*

pare-brise Windschutzscheibe *(f)* *vinntchoutss-chaïbe*

pare-chocs Stoßstange *(f)* *chtôss-chtanngue*

pareil gleich *glaïch*

parent(e) *(père et mère)* Eltern *(pl)* *èltern*; *(proche)* Verwandte(r) *(m/f)* *fèrvannte(èr)*

parfois manchmal *mannchmall*

parfum Parfüm *(nt) parfin*

parking Parkplatz *(m) parkplats*

parler sprechen *sprèchenn*

partie Teil *(m) taïl*

partir weggehen *vèkguéhenn*

passage Durchgang *(m) dourch*gang; **passage clouté** ≈ Zebrastreifen *(m) tsébrachtraïfenn*

passeport Paß *(m) pass*

passer vorbeigehen *fôrbaï-guéhenn*; **passer par** durchgehen *dourch-guéhenn*

pâte Teig *(m) taïk*; **pâtes** Nudeln *(pl) noudeln*

pâté Pastete *(f) pastéte*

patin : patins à glace Schlittschuhe *(pl) chlittchou-e*; **patins à roulettes** Rollschuhe *(pl) rolchou-e*

patinoire Eisbahn *(f) aïssbânn*

pâtisserie *(boutique)* Bäckerei *(f) békeraï*; *(gâteau)* Kuchen *(m) kouHenn*

payer bezahlen *bétsaalenn*; **payer en espèces** bar zahlen *bar tsaalenn*

pays Land *(nt) lanntt*

paysage Landschaft *(f) lannttchaft*

Pays-Bas Niederlande *(pl) nîderlannde*

PCV : appeler en PCV ein R-Gespräch führen *aïn èr-guéchprèH furenn*

peau Haut *(f) haoutt*; **en peau aus** Leder *aouss léder*

pêche¹ *(fruit)* Pfirsich *(m) pfirzich*

pêche² *(activité)* Angeln *(nt) anng-eln*; **pêche en mer** Hochseefischerei *(m) ôHzéficheraï*

peigne Kamm *(m) kamm*

pendant während *vérennt*

penser denken *dennkenn*

pension Pension *(f) pennssyônn*; **demi-pension** Halbpension *(f) halp-pennssyônn*; **pension complète** Vollpension *(f) folpennssyônn*; **pension de famille** Familienpension *(f) familyenn-pennssyônn*

perdre verlieren *fèrlîrenn*

père Vater *(m) fâter*

périmé abgelaufen *ap-guélaoufenn*

période Zeitraum *(m) tsaïttraoum*

périphérique Ringstraße *(f) rinngchtrasse*

permettre erlauben *èrlaoubenn*

permis de conduire Führerschein *(m) furer-chaïnn*

personne Person *(f) pèrzôn*; *(négatif)* niemand *nîmanntt*

pétillant sprudelnd *chproudelnnt*

petit klein *klaïn*; **petit déjeuner** Frühstück *(nt) fruchtuk*; **petits pains** Brötchen *(nt) breuttchènn*; **petits pois** Erbsen *(pl) èrbzenn*

peu wenig *vénik*

peur Angst *(f) annkst*; **avoir peur** Angst haben *annkst haabenn*

peut-être vielleicht *vîlaïcht*

phare *(de voiture)* Scheinwerfer *(m) chaïnvérfer*

pharmacie Apotheke *(f) apôtéke*

photo Foto *(nt) fôtô*

pièce *(monnaie)* Münze *(f) munntse*; *(dans une maison)* Zimmer *(nt) tsimèr*; **pièce d'identité** Ausweispapier *(nt) aoussvaïss-papîr*; **pièce de rechange** Ersatzteil *(nt) èrzattz-taïl*

pied Fuß *(m) fouss*; **à pied** zu Fuß *tsou fouss*

pierre Stein *(m) chtaïn*

piéton Fußgänger *(m)*
*fouss*guénnguer

pile Batterie *(f) bateri*

pilule Pille *(f) pile*

pince Zange *(f) tsanngue*

pipe Pfeife *(f) pfaïffe*

piquer stechen *chtèchenn*

piqûre Stich *(m) chtich*

piscine Schwimmbad *(nt) chvimm-*
batt; **piscine chauffée** geheiztes
Schwimmbad *guéhaïtstèss*
*chvim*batt

piste *(ski)* Piste *(f) pisste;* **piste**
cyclable Radweg *(m) ratt-vèk*

place *(ville, espace)* Platz *(m) plattss;*
(siège) Sitzplatz *(m) zittssplattss*

plage Strand *(m) chtrannt*

plan *(carte)* Plan *(m) plaann;*
plan d'eau Wasserbecken *(nt)*
*vas*sèrbèkenn

plaque Schild *(nt) chilt;* **plaque**
minéralogique Nummernschild *(nt)*
*nou*mèrnchilt

plaqué : plaqué or/argent vergoldet/
versilbert *fèrgoldètt/fèrzilbertt*

plat *(nourriture)* Gericht *(nt) guéricht;*
plat du jour Tagesgericht *(nt)*
*taguess*guérichtt

plein voll *fol*

pleuvoir : il pleut es regnet
èss rég-nett

plomb : sans plomb bleifrei *blaïfraï*

plombier Klempner *(m) klèmpner*

plongée sous-marine
Tiefseetauchen *(nt) tîfzétaouHenn*

pluie Regen *(m) réguenn*

plus mehr *mér;* **en plus** noch mehr
noH mér

plusieurs mehrere *mérere*

pneu Reifen *(m) raïfenn;* **pneu crevé**
Platter *(m) platèr*

poche Tasche *(f) tache*

poids Gewicht *(nt) guévicht*

poignet Handgelenk *(nt)*
*hannt*guelènnk

point Punkt *(m) pounnkt;* **à point**
halb durchgebraten *halp*
*dourch*guébratenn

pointure Schuhgröße *(f)*
*chou*greusse

poire Birne *(f) birne*

poisson Fisch *(m) fich*

poitrine Brust *(f) broussst*

poivre Pfeffer *(f) pfèfèr*

poivron Paprikaschote *(f)*
*paprika*chôte

police Polizei *(f) politsaï;*
(d'assurance) Versicherungsschein
(m) fèrzicheroungschaïn

policier Polizist *(m) pôlitsisst*

pommade Salbe *(f) zalbe*

pomme Apfel *(m) apfel;* **pomme de**
terre Kartoffel *(f) kartofel;* **pommes**
frites Pommes Frites *(pl) pôm frittss;*
pommes sautées Bratkartoffeln *(pl)*
brâtt-kartôfeln

pompiers Feuerwehr *(f) foïer-vér*

pont Brücke *(f) bruke*

porc Schwein *(nt) chvaïn*

port Hafen *(m) hafenn*

porte Tür *(f) tur*

portefeuille Brieftasche *(f) brîftache*

porte-monnaie Portemonnaie *(nt)*
porte-monnai

porter tragen *trâguenn*

portion Portion *(f) portsyonn*

possible möglich *meuklich*

poste *(bureau)* Post *(f) pôsst*

potable trinkbar *trinnkbar*; **eau potable/non potable** Trinkwasser/ kein Trinkwasser *trinnkvasser/kaïn trinnkvasser*

potage Suppe *(f) zoupe*

pot d'échappement Auspuff *(m) aousspouff*

poubelle Mülleimer *(m) mulaïmer*

poudre Pulver *(nt) poulvèr*

poulet Hähnchen *(nt) hènnchenn*

pour für *fur*

pourboire Trinkgeld *(nt) trinnk-guèltt*

pourquoi warum *varoum*

pousser drücken *drukenn*

poussette Kinderwagen *(m) kinndervaguenn*

pouvoir können *keunenn*; **je peux** ich kann *ich kann*

préférer lieber mögen *lîbèr meuguenn*

premier erster *èrstèr*; **premiers secours** Erste Hilfe *èrste hilfe*

prendre nehmen *némenn*

prénom Vorname *(m) fornaame*

près bei *baï*; **près de** in der Nähe von *inn dèr nè-e fonn*

presque fast *fasstt*

pressé *(urgent)* eilig *aïlik*; **je suis pressé** ich habe es eilig *ich haabe èss aïlik*

pressing Reinigung *(f) raïnigoung*

pression *(des pneus)* Reifendruck *(m) raïfenndrouk*; **(bière à la) pression** Faßbier *(nt) fassbîr*

prêt bereit *béraïtt*

prêtre Priester *(m) prîster*

printemps Frühling *(m) frulinnk*

priorité Vorfahrt *(f) forfaat*

prise *(de courant)* Steckdose *(f) chtèkdôze*; **prise multiple** Mehrfachsteckdose *mèrfaHchtèkdoze*

privé privat *privaatt*

prix Preis *(m) praïss*; **prix d'entrée** Eintrittspreis *(m) aïntrittspraïss*

problème Problem *(nt) problém*

prochain nächste *nèkste*

profond tief *tîf*

profondeur Tiefe *(f) tîfe*

promenade Spaziergang *(m) chpatsîrganng*

promener : se promener spazieren gehen *chpatsîrènn guéhenn*

promettre versprechen *fèrchprèchenn*

prononcer aussprechen *aouss-chprèchenn*

propre sauber *zaouber*

propriétaire Besitzer *(m) bézitser*

propriété Besitz *(m) bézits*

protestant evangelisch *éfannguélich*

provenance Herkunft *(f) hèrkounnft*; **en provenance de** aus *aouss*

provisions Vorräte *(pl) forète*

prune Pflaume *(f) pflaoume*

PTT Post *(f) posstt*

pull Pullover *(m) poulôver*

purée Püree *(nt) puré*

pyjama Schlafanzug *(m) chlâf-anntsouk*

quai *(de gare)* Bahnsteig *(m)* *bânnchtaïk*

quand wenn *vènn*; **quand?** wann? *vann*

quartier Viertel *(nt)* *fîrtèl*

que daß *dass*; **que?** was? *vass*

quel welche *vèlche*

quelque einige *aïnigue*; **quelque chose** etwas *èttvass*; **quelque part** irgendwo *irguénntvo*; **quelqu'un** jemand *yémannt*

quelquefois manchmal *mannchmal*

queue Schwanz *(m)* *chvannts*; **faire la queue** Schlange stehen *chlangue chté-en*

qui wer *vèr*

quinzaine vierzehn Tage *fîrtsén taague*

quoi was *vass*

quotidien täglich *tèklich*

radiateur Heizkörper *(m)* *haïtskeurpur*

radio Radio *(nt)* *radio*

raisin Traube *(f)* *traoube*; **raisin sec** Rosine *(f)* *rôzine*

raison Vernunft *(f)* *fèrnounnft*; **avoir raison** Recht haben *rècht haabenn*

ralentir verlangsamen *fèrlanngzâmenn*

rallonge Verlängerungsschnur *(f)* *fèrlènng-erounngs-chnour*

randonnée Ausflug *(m)* *aoussflouk*

rapide schnell *chnèl*

raquette Schläger *(m)* *chlèguer*

raser : se raser sich rasieren *sich razîrenn*

rasoir Rasierklinge *(f)* *razîrklinngue*; **rasoir électrique** Rasierapparat *(m)* *razîr-apparatt*

rayon Abteilung *(f)* *aptaïlounk*

réceptionniste Empfangsdame *(f)*/- herr *(m)* *èmmpfannksdame/-her*

réclamation Reklamation *(f)* *réclamatsyônn*

recommander empfehlen *èmmpfélenn*

reçu Quittung *(f)* *kvitoung*

réduction Preisermäßigung *(f)* *praïss-èrmèssigoung*

regarder ansehen *annséhenn*

régime Diät *(f)* *diètt*; **aliments de régime** Diätlebensmittel *(pl)* *dièttlébennsmitèl*

région Gegend *(f)* *guéguenntt*

rein Niere *(f)* *nîre*

remboursement Zurückzahlung *(f)* *tsouruktsâloung*

rembourser zurückzahlen *tsouruktsâlenn*

remercier sich bedanken *zich bédannkenn*

remise : faire une remise den Preis heruntersetzen *dénn praïss hérounnterzètsenn*

remorquer abschleppen *apchlèppenn*

remplir füllen *fulenn*

rencontrer treffen *trèffenn*

rendez-vous Termin *(m)* *tèrmînn*; **sur rendez-vous** mit Termin *mitt tèrmînn*

rendre zurückgeben *tsou-rukguébenn*

renseignements Auskunft *(f)* *aouskounnft*; **bureau de renseignements** Information *(f)* *innformatsyônn*

réparer reparieren *réparîrenn*

repas Mahlzeit *(f)* *maltsaïtt*

répéter wiederholen *vîdèr-hôlenn*

répondre antworten ***annt**vortenn*

réponse Antwort *(f)* ***annt**vortt*

reposer : se reposer sich ausruhen *zich **aouss**rouhenn*

représentation Vorstellung *(f)* ***for**chtèloung*

réservation Reservierung *(f)* *rézèr**vî**roung*

réserver reservieren *rézer**vî**renn*

responsable verantwortlich *fè**rannt**vortlich*

restaurant Restaurant *(m) restô**ran***

rester bleiben ***blaï**benn*

retard Verspätung *(f) fèr**chpè**toung*; **en retard** mit Verspätung *mitt fèr**chpè**toung*

retour Rückkehr *(f) ruk-**kèr***

rétroviseur Rückspiegel *(m) ***ruk**chpiguel*

réveil *(pendule)* Wecker *(m) **vè**ker*

réveiller wecken ***vè**kenn*

revenir zurückkommen *tsour**uk**-kommenn*

rez-de-chaussée Erdgeschoß *(nt) èrtt**gué**choss*

rhume Erkältung *(f) èr**kèl**toung*; **rhume des foins** Heuschnupfen *(m) **hoï**chnoupfenn*

rideau Vorhang *(m) **for**hanng*

rien nichts *nichtss*

rivière Fluß *(m) flouss*

riz Reis *(m) raïss*

robe Kleid *(nt) klaïtt*

robinet Wasserhahn *(m) **va**sserhaan*

rognons Nieren *(fpl) **nî**renn*

rond rund *rounntt*

rose Rose *(f) **rô**ze*

roue Rad *(nt) ratt*

rouge rot *rôtt*; **rouge à lèvres** Lippenstift *(m) **lipp**enn-chtiftt*

route Straße *(f) **chtra**sse*

rue Straße *(f) **chtra**sse*

ruines Ruinen *(fpl) rou-**i**nenn*

sable Sand *(m) zannt*

sac Handtasche *(f) **hannt**-tache*; **sac à dos** Rucksack *(m) **rouk**zak*; **sac de couchage** Schlafsack *(m) **chlâff**-zak*

sachet Säckchen *(nt) **zèk**chenn*; **sachet de thé** Teebeutel *(m) **té**boïtèl*

saignant blutig ***blou**tik*

saison Jahreszeit *(f) ya**rèss**tsaïtt*

salade Salat *(m) za**latt***

sale schmutzig *chmoutsik*

salle Saal *(m) zaal*; **salle à manger** Eßzimmer *(nt) **èss**tsimer*; **salle d'attente** Wartesaal *(m) **var**tezaal*; **salle de bains** Badezimmer *(nt) **ba**detsimer*

salon Wohnzimmer *(nt) **vônt**simer*

sandales Sandalen *(fpl) zann**da**lenn*

sandwich belegtes Brot *(nt) be**lék**tess brott*

sans ohne *ône*

santé Gesundheit *(f) gué**zounnt**haïtt*; **santé!** zum Wohl! *tsoum **vol***

sauce Soße *(f) **zo**sse*

saucisse Wurst *(f) voursst*

sauf außer *aousser*

saumon Lachs *(m) lakss*; **saumon fumé** geräucherter Lachs *gué**roï**chèrter lakss*

savoir wissen *vissenn*

savon Seife *(f) **zaï**fe*

savonnette Stück *(nt)* Seife *chtuk **zaï**fe*

Scotch ® Tesafilm ® *(m)* **té**zafilm

seau Eimer *(m)* **aï**mer

sec trocken **trok**enn

sèche-cheveux Fön *(m)* feunn

sécher trocknen **trok**nenn

secours Hilfe *(f)* **hil**fe; **au secours!**
  Hilfe! **hil**fe

séjour Aufenthalt *(m)* **aou**fenn-hallt

sel Salz *(nt)* zalts

semaine Woche *(f)* **vo**He

sens *(signification)* Sinn *(m)* zinn;
  (direction) Richtung *(f)* **rich**toung

sentier Weg *(m)* **vèk**; Pfad *(m)* pfâtt

sentir *(sensation)* fühlen **fu**lenn;
  (odeur) riechen **rî**chenn

séparément getrennt gué-**trènn**tt

serrure Schloß *(nt)* chloss

serveur(euse) Kellner(in) *(m/f)*
  kèlner(inn)

service Bedienung *(f)* bé**dî**noung

serviette *(de bain)* Handtuch *(nt)*
  hannttouH; *(pour manger)* Serviette
  (f) **sèr**vi-**èt**-te; *(pour documents)*
  Aktentasche *(f)* **ak**tenn-tache;
  serviette hygiénique Damenbinde
  (f) **dam**enn**binn**de

servir bedienen be**dî**nenn;
  servez-vous bedienen Sie sich
  be**dî**nenn zî zich

seul allein a**laïn**

seulement nur nour

shampooing Shampoo *(m)*
  chammpou

short Shorts *(pl)* chortss

si [1] *(condition)* wenn **vènn**

si [2] *(oui)* doch doH

siège Sitz *(m)* zits

signer unterschreiben,
  ounnter**chraï**benn

s'il vous plaît bitte *bitte*

simple einfach **aïn**faH

sinon sonst zonnsstt

ski Ski *(m)* chî; **ski alpin** Abfahrt *(f)*
  apfaartt; **ski de fond** Langlaufski *(m)*
  lannglaoufchî; **ski nautique**
  Wasserski *(m)* **vasser**-chî

slip Unterhose *(f)* **ounn**tèr-hôze;
  slip de bain Badehose *(f)* **bade**hôze

sœur Schwester *(f)* **chvèss**ter

soie Seide *(f)* **zaï**de

soif Durst *(m)* dourst; **avoir soif**
  Durst haben dourst **haa**benn

soir Abend *(m)* abenntt; **ce soir** heute
  Abend **hoï**te abenntt

soirée *(soir)* Abend *(m)* a**bènn**t; *(fête)*
  Abendgesellschaft *(f)*
  a**bènn**tgué**zèl**chaft

sol Boden *(m)* **bô**denn

soldes Schlußverkauf *(m)*
  chloussfèrkaouff

soleil Sonne *(f)* **zonn**e; **coup de soleil**
  Sonnenbrand *(m)* **zo**nennbrannt

sombre dunkel **dounk**el

sommes : nous sommes wir sind
  vir zinntt

somnifère Schlaftablette *(f)*
  chlâf-tab**lètt**e

sont : ils/elles sont sie sind **zî** zinntt

sorbet Wassereis *(nt)* **vas**seraïss

sortie Ausgang *(m)* **aouss**gganng;
  sortie de secours Notausgang *(m)*
  nôttaoussganng

sortir ausgehen **aouss**guéhenn

souhaiter wünschen **vunn**chenn

soupe Suppe *(f)* **zoup**e

sourd taub taoup

sous unter **ounn**ter

sous-sol Untergeschoß *(nt)* *ounn*tèr guéchoss

sous-vêtements Unterwäsche *(f)* *ounn*tervèche

soutien-gorge BH (Büstenhalter) *(m)* bé-*ha* (*bustenn-halter*)

souvenir Andenken *(nt)* *ann*dennkenn

souvent oft *offtt*

sparadrap Heftpflaster *(nt)* *hèftt-pflaster*

spectacle Vorstellung *(f)* *forchtèloung*

sport Sport *(m)* *chportt*

stade Stadion *(nt)* *chtadyonn*

starter Choke *(m)* *tchôke*

station Station *(f)* *chtatsyonn*; **station de lavage** Autowaschanlage *(f)* *aoutovachannlague*; **station de taxis** Taxistand *(m)* *taksichtannt*

stationnement Parken *(nt)* *parkenn*

stationner parken *parkenn*

station-service Tankstelle *(f)* *tank-chtèle*

steak Steak *(m)* *chtèk*; **steak frites** Steak mit Pommes frites *chtèk mitt pômm fritt*

stylo (à bille) Kugelschreiber *(m)* *kouguelchraïber*

sucre Zucker *(m)* *tsouker*

sud Süden *(m)* *zudenn*

suffire : ça suffit das reicht *dass raïchtt*

suisse schweizerisch *chvaïtserich*

Suisse Schweiz *(f)* *chvaïts*

suivant nächste *nèkste*

suivre folgen *folguenn*

super (essence) Super *(nt)* *zouper*

supermarché Supermarkt *(m)* *zoup*èr-*marktt*

supplément Zuschlag *(m)* *tsouchlak*

sur auf *aouf*

sûr sicher *zicher*

surgelés Tiefkühlkost *(f)* *tîfculkosst*

surprise Überraschung *(f)* *uber-rachoung*

sympathique nett *nètt*

synagogue Synagoge *(f)* *zunnagogue*

syndicat d'initiative Fremdenverkehrsamt *(nt)* *frèmdennfèrkèrs-amtt*

tabac (débit) Tabakgeschäft *(nt)* *tabakgué*chèft; (pour fumer) Tabak *(m)* *tabak*

table Tisch *(m)* *tich*

taille Größe *(f)* *greusse*

talon (de chaussure) Absatz *(m)* *apzats*; **talon-minute** Sofortschuhreparatur *(m)* *sofort*chourèparatour

tampon Tampon *(m)* *tammponn*

tard spät *chpètt*; **au plus tard** spätestens *chpètestennss*

tarte Kuchen *(m)* *kou*Henn

tasse Tasse *(f)* *tasse*

taux Kurs *(m)* *courss*; **taux de change** Wechselkurs *(m)* *vèkselkourss*

taxi Taxi *(nt)* *taksi*

Télécarte ® Telefonkarte *(f)* *téléfône-karte*

télécopie Telefax *(nt)* *téléfax*

télégramme Telegramm *(nt)* *télégramm*

téléphone Telefon *(nt)* *téléfônn*

téléphoner telefonieren *téléfonnîrenn*

télévision Fernsehen *(nt)* *fèrn*zéhenn

témoin Zeuge *(m)* *tseug*ue

température Temperatur *(f)* *tèmm*mpéra*tour*; *(fièvre)* erhöte Temperatur *è*rheu*tte tèmmpératour*

tempête Sturm *(m)* chtourm

temps *(heure)* Zeit *(f)* tsaïtt; *(météo)* Wetter *(nt)* *vèt*er

tenir halten *halt*enn

tennis Tennis *(nt)* *tènn*iss; *(chaussures)* Tennisschuhe *(pl)* *tènn*iss-chouhe

tension Spannung *(f)* *chp*anoung

tente Zelt *(nt)* tsèlt

terrasse Terrasse *(f)* *tè*rasse

tête Kopf *(m)* kopf

thé Tee *(m)* té; **thé au citron** Tee mit Zitrone *té mitt tsitrône*; **thé au lait** Tee mit Milch *té mitt milch*; **thé nature** Tee natur *té natour*

théâtre Theater *(nt)* *téat*er

Thermos ® Thermoskanne ® *(f)* *tèrm*osskanne

ticket Fahrkarte *(f)* *faar*karte; **ticket de caisse** Kassenzettel *(m)* *k*assenn-tsètel

tiède lauwarm *laou*varm

timbre(-poste) Briefmarke *(f)* *brîf*marke

tire-bouchon Korkenzieher *(m)* *kork*enn-tsî-èr

tirer ziehen *tsî*henn

tisane Kräutertee *(m)* *kroït*erté

tissu Stoff *(m)* chtof

toast Toast *(m)* toast

toilettes Toiletten *(pl)* toi*lèt*enn

tomate Tomate *(f)* to*maa*te

tomber fallen *fall*enn

torchon Geschirrtuch *(nt)* gu*éch*irtouH

tôt früh *fr*u

toucher anfassen *ann*fassenn

toujours immer *i*mer

tour *(édifice)* Turm *(m)* tourm; *(excursion)* Rundgang *(m)* *rounnt*gang; **faire un tour** einen Rundgang machen aïnenn *rounnt*gang ma*H*enn; **tour de poitrine/de taille/de hanches** Brust-/Taillen-/Hüftumfang *(m)* brousst-/*ta*lyenn-/hu*ftoum*fanng

touriste Tourist *(m)* tou*ri*sst

tourner wenden *vènn*denn

tournevis Schraubenzieher *(m)* *ch*raou*bènn-tsî-*er

tousser husten *houss*tenn

tout, tous alle *a*le; **tous les jours** täglich *tèk*lich; **tout de suite** sofort *zo*fortt; **tout droit** geradeaus *gué*ra*deaouss*; **toute la journée** den ganzen Tag *dènn gannt*senn taak; **tout le monde** alle *a*le

toux Husten *(m)* *houss*tenn

traduire übersetzen uber-*zètt*senn

train Zug *(m)* tsouk

tranche Scheibe *(f)* *chaï*be

tranquille ruhig *rou*-ik

transfert Überführung *(f)* uber-*fur*oung

transmission Übertragung *(f)* ubert*rag*ounk

travail Arbeit *(f)* *arb*aïtt; **travaux** Arbeiten *(pl)* arb*aï*tenn

travailler arbeiten arb*aï*tenn

traversée Überfahrt *(f)* *uber*faartt

traverser überqueren uber-*kv*érenn

très sehr *z*ér

trop zu *tsou*; **trop de** zuviel *tsoufil*

trottoir Bürgersteig *(m)* *burguerchtaïk*

trouver finden *finndenn*; **se trouver** sich befinden *zich béfinndenn*

tu du *dou*

tunnel Tunnel *(m)* *tounnel*

TVA Mehrwertsteuer *(f)* *méér-vèrtt-chtoïer*

un(e) ein(e) *aïn(e)*

unité Einheit *(f)* *aïnhaïtt*

urgence Notfall *(m)* *nôttfall*

urgent dringend *drinnguenntt*

utile nützlich *nuttslich*

utiliser benutzen *bennoutsenn*

vacances Ferien *(pl)* *féryenn*; **en vacances** in den Ferien *inn dènn féryenn*

vaisselle Geschirr *(nt)* *guéchir*; **faire la vaisselle** spülen *chpulenn*

valable gültig *gultik*

valise Koffer *(m)* *kofer*

vallée Tal *(nt)* *taal*

vanille Vanille *(f)* *vannile*

vaporisateur Zerstäuber *(m)* *tsèrchtoïber*

vase Vase *(f)* *vaaze*

veau Kalb *(nt)* *kalp*

végétarien Vegetarier *(m)* *véguétarîer*

vélo Fahrrad *(nt)* *faar-ratt*

vendeur(euse) Verkäufer(in) *(m/f)* *fèrkoïfer(inn)*

vendre verkaufen *fèrkaoufenn*

venir kommen *kommenn*

vent Wind *(m)* *vinntt*

vente Verkauf *(m)* *fèrkaouf*

ventilateur Ventilator *(m)* *vènntilator*

ventre Bauch *(m)* *baouH*

verglacé vereist *fèraïsstt*

verglas Glatteis *(nt)* *glattaïss*

vérifier prüfen *prufenn*

vernis à ongles Nagellack *(m)* *nâguel-lak*

verre Glas *(nt)* *glass*; **verres de contact** Kontaktlinsen *(pl)* *contakt-linnzenn*

vers nach *naH*

vert grün *grunn*

veste Jacke *(f)* *yake*

vestiaire Garderobe *(f)* *garderôbe*

vêtements Kleider *(pl)* *klaïder*

vétérinaire Tierarzt *(m)* *tîrartst*

viande Fleisch *(nt)* *flaïch*

vide leer *lér*

vie Leben *(nt)* *lébenn*

vieux alt *altt*

village Dorf *(nt)* *dorff*

ville Stadt *(f)* *chtatt*

vin Wein *(m)* *vaïn*; **vin blanc/rosé/rouge** Weiß-/Rosé-/Rotwein *(m)* *vaïss/rozé/rottvaïnn*; **vin en pichet/en bouteille** Wein in der Karafe/in der Flasche *vaïn inn dèr karafe/inn dèr flache*

vinaigre Essig *(m)* *èssik*

vinaigrette Salatsoße *(f)* *zalattzosse*

violet lila *lila*

virage Kurve *(f)* *courve*

vis Schraube *(f)* *chraoube*

visa Sichtvermerk *(m)* *zicht-fèrmèrk*

visage Gesicht *(nt)* *guézicht*

visite Besuch *(m)* *bézouH*; **visite guidée** Führung *(f)* *furoung*

visiter besuchen *bezou-l-enn*
vite schnell *chnèl*
vitesse Geschwindigkeit *(f)*
guéchvinndichkaït; (sur une voiture)
Gang *(m) ganng;* **boîte de vitesses**
Gangschaltung *(f) gankchaltounnk*
vitre Scheibe *(f) chaïbe*
vitrine Schaufenster *(nt)*
chaoufènnster
vivre leben *lébenn*
vœu : meilleurs vœux beste
Wünsche *bèste vunnche*
voici hier *hîr*
voie Fahrbahn *(f) farbâhn*
voilà da *da*
voilier Segelboot *(nt) zéguelbôtt*
voir sehen *zé-enn*
voisin(e) Nachbar(in) *(m/f)*
naHbar(inn)
voiture Auto *(nt) aouto*
vol *(délit)* Diebstahl *(m) dîpchtâl;*
(dans les airs) Flug *(m) flouk;*
vol charter Charterflug *(m) charter-
flouk;* **vol régulier** Linienflug *(m)*
linyennflouk
voler *(dérober)* stehlen *chtélenn;*
(en avion) fliegen *flîguenn*

vomir sich übergeben
zich uber-guébenn
vos eure *oïre; (politesse)* Ihre *ire*
votre euer *oïer; (politesse)* Ihre *ir*
vouloir wollen *volenn;*
je voudrais… ich möchte gern…
ich meuchte guèrn
vous *(poli)* Sie *zî; (pl)* ihr *îr*
voyage Reise *(f) raïze*
vrai wahr *vâr*
vue Aussicht *(f) aousszicht*

wagon Eisenbahnwagen *(m)*
aïzennbann-vaguenn
wagon-lit Schlafwagen *(m)*
chlafvaguenn
wagon-restaurant Speisewagen
(m) chpaïze-vaguenn
W.-C. W.-C. *(nt) vécé*
week-end Wochenende *(nt)*
voHenn-ènnde
whisky Whisky *(m) ouiski*

yaourt Joghurt *(m/nt) yôgourtt*
yeux Augen *(pl) aouguenn*

zoo Zoo *(m) tsô*

Aal *m* anguille; **Aal Grün mit Dillsauce** anguille à l'aneth

Aalsuppe *f* soupe à l'anguille

ab de; **ab 8 Uhr** à partir de 8 heures; **ab Mai** à partir de mai; **Jugendliche ab 16 Jahren** adolescents à partir de 16 ans

abbestellen annuler

Abbiegespur *f* ≈ voie de droite

Abbildung *f* illustration

abblenden mettre ses feux de croisement

Abblendlicht *nt* feux de croisement *(codes)*

Abend *m* soir

Abendessen *nt* dîner

Abendkasse *f* vente de billets (à l'entrée)

abends dans la soirée

aber mais

abfahren partir; démarrer

Abfahrt *f* départ

Abfahrtszeit *f* heure de départ

Abfall *m* ordures

Abfalleimer *m* poubelle

Abfertigung *f* expédition; enregistrement

Abfertigungsschalter *m* guichet d'enregistrement

abfliegen décoller

Abflug *m* décollage; départ; **Abflug Inland** départs nationaux; **Abflug Ausland** départs internationaux

Abflughalle *f* hall de départ

Abflugschalter *m* guichet d'enregistrement

Abflugtafel *f* tableau d'affichage des départs

Abflugzeit *f* heure de départ

Abführmittel *nt* laxatif

abgelaufen périmé

abheben retirer *(argent)*

abholen aller chercher; réclamer; **abholen lassen** faire prendre

ablaufen expirer

abmelden : sich abmelden régler sa note

Abonnent *m* abonné

Abreise *f* départ

abreisen partir

absagen annuler

abschalten éteindre

abschicken envoyer

Abschleppdienst *m* service dépannage

abschleppen remorquer; emmener à la fourrière; **Fahrzeug wird abgeschleppt** véhicule en remorque

Abschleppöse *f* crochet de remorquage

Abschleppseil *nt* câble de remorquage

Abschleppstange *f* barre de remorquage

Abschleppwagen *m* dépanneuse

abschließen fermer à clé

Abschmierdienst *m* service de graissage

Abschnitt *m* coupon

Absender *m* expéditeur

Abstand *m* distance; intervalle; **Abstand halten!** gardez vos distances!

abstellen éteindre; garer

Abtei *f* abbaye

Abteil *nt* compartiment

Abwesenheit *f* absence

Abzug(-züge) *m* épreuve(s); copie(s)

abzüglich moins

acht huit

achten : achten auf faire attention à

Achtung *f* attention; danger; **Achtung, Achtung eine Durchsage** votre attention, s'il vous plaît; **Achtung Lebensgefahr!** danger de mort!; **Achtung Stufe!** attention à la marche

Adreßbuch *nt* répertoire (d'adresses)

Adresse *f* adresse

adressieren adresser

Alkohol *m* boisson alcoolisée; alcool

alkoholfrei sans alcool

alkoholisch alcoolisé

alle tous; **alle zwei Tage** tous les deux jours

Allee *f* allée

allein seul(e)

allergisch : allergisch gegen allergique à

Allerheiligen *nt* Toussaint

alle(r/s) tout(e)

alles tout

allgemein général; universel

Allzweckreiniger *m* ≈ produit d'entretien

Alpen *pl* Alpes

als que; quand

Alsterwasser *nt* panaché *(boisson)*

alt vieux

Altbier *nt* ≈ bière brune

Alter *nt* âge

ältere(r/s) plus âgé

älteste(r/s) le (la) plus âgé(e)

Alufolie *f* papier d'aluminium

am : am Bahnhof à la gare; **am Abend/Morgen** le soir/le matin; **am Freitag** vendredi

Ampel *f* feu de circulation

Amt *nt* département; bureau; les autorités; central *(téléphonique)*

amtlich officiel(le)

Amtszeichen *nt* tonalité

Amüsierviertel *nt* quartier des boîtes de nuit

an à; sur; près de; **Frankfurt an 13:00** arrivée à Francfort à 13h00; **an/aus** ≈ marche/arrêt *(d'une machine, de la lumière)*

Ananas(se) *f* ananas

Anbau *m* annexe

anbieten proposer

Andenken *nt* souvenir

andere(r/s) autre

ändern changer

anders différemment; autrement

anderthalb un et demi

Änderung *f* changement

Anfang *m* début

anfangen commencer

Anfänger *m* débutant

Anflug *m* approche

anfordern réclamer

Anfrage *f* requête

Angaben *pl* renseignements; indications; **technische Angaben** données techniques; **Angaben machen** faire une déposition; **nähere Angaben** détails

angeben donner; **genau angeben** préciser

Angebot *nt* offre

Angehörige(r) *m/f* parent(e); **der nächste Angehörige** parent le plus proche

Angelegenheit *f* affaire

Angeln *nt* pêche à la ligne

Angelrute *f* canne à pêche

Angelschein *m* permis de pêche

angenehm agréable

Angestellte(r) *m/f* employé(e)

angezeigt : angezeigter Betrag *m* montant indiqué; montant affiché

anhalten arrêter

Anhalter *m* auto-stoppeur; **per Anhalter fahren** faire de l'auto-stop

Anhänger *m* remorque; pendentif

Anis *m* anis

Anker *m* ancre

Ankleidekabine *f* cabine d'essayage

ankommen arriver

ankreuzen cocher

ankündigen annoncer

Ankunft(-künfte) *f* arrivée(s)

Anlage *f* parc; terrain; installation; équipement; équipement stéréo; pièce jointe; **öffentliche Anlagen** jardin public

Anlegeplatz *m* embarcadère

Anlegestelle *f* appontement; jetée

Anlieferungsgebühr *f* frais de livraison

Anlieger *m* : **Anlieger frei** sauf aux riverains

anmachen assaisonner *(la salade)*; **das Licht anmachen** allumer la lumière

anmelden : sich anmelden s'inscrire

Anmeldung *f* inscription; accueil *(lieu)*

Annahme *f* acceptation; réception

annehmen supposer; accepter

Annehmlichkeiten *pl* agréments

anprobieren essayer

Anruf *m* appel téléphonique

Anrufbeantworter *m* répondeur (téléphonique)

anrufen téléphoner

Anschluß *m* correspondance; **dieser Zug hat Anschluß an den 16 : 45** ce train a une correspondance avec le train de 16h45; **kein Anschluß unter dieser Nummer** ce numéro n'est pas en service actuellement

Anschlußflug *m* vol de correspondance

anschnallen : sich anschnallen attacher sa ceinture

Anschrift *f* adresse

Ansicht *f* vue

Ansichtskarte(n) *f* carte postale

anstatt au lieu de

ansteckend contagieux

anstrengend fatigant

Anteil *m* part

Antenne *f* antenne

Antibiotikum *nt* antibiotique

Antihistamin *nt* antihistaminique

Antiquariat *nt* librairie de livres d'occasion

Antiquität(en) *f* antiquité(s)

Antiquitätenhändler *m* antiquaire

Antritt *m* : **vor Antritt der Reise/ Fahrt** avant de partir en voyage

Antwort f réponse

antworten répondre

An- und Verkauf m achat et vente; ≈ magasin d'occasions

Anweisungen pl instructions

anwenden utiliser; appliquer

Anzahl f nombre

Anzahlung f arrhes

Anzeige f annonce; affiche; indication; plainte

Anzug (-züge) m costume(s)

anzünden allumer

Apfel (Äpfel) m pomme(s)

Apfelkorn m alcool de pommes

Apfelkuchen m gâteau aux pommes

Apfelmus nt compote de pommes

Apfelrösti pl tranches de pommes et de pain frites à la poêle

Apfelsaft m jus de pommes

Apfelsine(n) f orange(s)

Apfelwein m cidre

Apotheke f pharmacie

apothekenpflichtig en vente uniquement en pharmacie

Apparat m appareil; caméra; poste

Aprikose(n) f abricot(s)

April m avril

Arbeit f travail; emploi

arbeitslos au chômage

Armaturenbrett nt tableau de bord

Armband (-bänder) nt bracelet(s)

Armbanduhr f montre-bracelet

Ärmel m manche

Ärmelkanal m la Manche

Art f façon; sorte; manière

Artikel m article

Artischocke f artichaut

Artischockenboden m fond d'artichaut

Artischockenherz nt cœur d'artichaut

Arznei f médicament

Arzt (Ärzte) m médecin(s); **der Arzt für Allgemeinmedizin** médecin généraliste

Aschenbecher m cendrier

Aschermittwoch m mercredi des Cendres

atmen respirer

auch aussi

auf sur; **auf deutsch** en allemand

aufbewahren garder

aufblasbar gonflable

Aufenthalt m séjour; visite

Aufenthaltsgenehmigung f permis de séjour

Aufenthaltsraum m salle de séjour; salle d'attente

Auffahrt f embranchement; rampe d'accès

Aufführung f représentation

aufgeben renoncer à; enregistrer *(des bagages)*

aufhalten retarder; **sich aufhalten** séjourner

Auflage f édition

Auflauf m soufflé

auflegen mettre; raccrocher *(le téléphone)*

aufmachen ouvrir; **sich aufmachen** s'en aller

Aufnahme f réception; photo

aufpassen faire attention à

aufpumpen gonfler

Aufruf *m* **: letzter Aufruf**
dernier appel

aufschließen ouvrir

Aufschnitt *m* viande froide;
charcuterie

aufschreiben noter

Aufschub *m* retard

Aufstieg *m* ascension

Aufzug *m* ascenseur

Auge(n) *nt* œil (yeux)

Augenblick *m* moment; instant;
einen Augenblick! un instant!

Augenbraue(n) *f* sourcil

Augentropfen *pl* gouttes pour
les yeux

August *m* août

Auktion *f* vente aux enchères

aus éteint; de; hors de;
aus Holz en bois

Ausdruck *m* terme; sortie papier

auseinander séparé

Ausfahrt *f* sortie; **Ausfahrt**
freihalten sortie de véhicule,
ne pas stationner

Ausfall *m* défaillance

Ausflug (-flüge) *m* excursion(s)

Ausfuhr *f* exportation

ausführen exporter; exécuter

ausführlich en détail; détaillé

ausfüllen remplir; **bitte nicht**
ausfüllen ne pas remplir

Ausgabe *f* exemplaire; édition

Ausgaben *pl* dépenses

Ausgang *m* sortie; porte

ausgeben dépenser

ausgeschaltet éteint

ausgeschlossen exclu

ausgestellt délivré

ausgewiesen : ausgewiesen durch
pièce d'identité

Ausgrabungen *pl* fouilles

Auskunft *f* renseignements; bureau
d'accueil

Ausland *nt* étranger; **aus dem**
Ausland de l'étranger

Ausländer(in) *m/f* étranger/
étrangère

ausländisch étranger

Auslandsbrief(e) *m* lettre(s) de
l'étranger

Auslandsgespräch(e) *nt* com-
munication(s) internationale(s)

auslassen laisser; omettre

auslaufen prendre la mer

Auslöser *m* déclencheur

ausmachen éteindre

Ausnahme(n) *f* exception

Auspuff *m* échappement; pot
d'échappement

Ausreise *f* **: bei der Ausreise** en
quittant le pays

Ausreisegenehmigung *f* visa de
sortie

ausrufen : ausrufen lassen faire une
annonce

Ausrüstung *f* équipement; matériel

ausschalten éteindre

Ausschank *m* buvette; bar

Ausschlag *m* irritation

ausschließlich exclusif

außen dehors

Außenbord- hors bord

Außenraum *m* zone extérieure

Außenseite *f* partie extérieure

Außenspiegel m rétroviseur extérieur

außer sauf; à l'exception de; **außer Betrieb** hors service

außerdem de plus

äußere(r/s) extérieur; externe; **äußere Stadtbezirke** banlieue

außerhalb à l'extérieur de

äußerlich externe; **nur zur äußerlichen Anwendung** ne pas avaler

äußerst extrêmement

Aussicht f perspective; vue

Aussichtsterrasse f terrasse panoramique

Aussichtsturm m belvédère

Ausstattung f équipement

aussteigen descendre

Ausstelldatum nt date d'émission

Ausstellung f exposition

Ausstellungsdatum nt date d'émission

ausstreichen rayer

Auster(n) f huître(s)

Ausverkauf m liquidation

ausverkauft épuisé (article); complet (séance)

Auswahl f choix

Ausweis m carte d'identité; laissez-passer; carte de membre

ausweispflichtig carte d'identité obligatoire

auswuchten équilibrer

auszahlen payer

Auto(s) nt voiture(s); auto(s); **Auto fahren** conduire

Autobahn f autoroute

Autobahngebühr f péage

Autofähre f ferry

Autofahrer m automobiliste

Autokarte f carte routière

Autokino nt (cinéma) drive-in

Automat m distributeur automatique; **Automat wechselt** cet appareil rend la monnaie

Automatikwagen m voiture automatique

automatisch automatique; **automatisches Getriebe** transmission automatique

Automobilausstellung f Salon de l'auto

Automobilklub m club automobile

Autoreisezug m train auto-couchettes

Autoreparatur f réparation de voitures

Autoverleih m /**Autovermietung** f location de voitures

Autowäsche f lavage de voitures

Babyfläschchen nt biberon

Babynahrung f alimentation pour bébés

Babyraum m nursery (espace pour la mère et l'enfant)

Bachforelle f truite de rivière

Backmischung f préparation pour gâteau

Backofen m four

Backpflaume(n) f pruneau(x)

Backpulver nt levure chimique

Bad nt bain; **mit Bad und WC** avec bain et W.-C.

Badeanstalt f piscine

Badeanzug m maillot de bain

Badehose *f* maillot de bain

Bademeister *m* maître nageur

Bademütze *f* bonnet de bain

baden se baigner; **Baden verboten** baignade interdite

Baden pays de Bade, région d'Allemagne très connue pour ses vins

Bäder *pl* bains

Badewanne *f* baignoire

Badezimmer *nt* salle de bains

Badischer Wein *m* vin blanc doux provenant du pays de Bade

Baggersee *m* lac artificiel

Bahn *f* chemin de fer; **per Bahn** par le train; **mit der Bahn fahren** aller en train

Bahnbus *m* ≈ cars SNCF

Bahnhof *m* gare

Bahnhofsmission *f* accueil *(à la gare)*

Bahnlinie *f* ligne *(de chemin de fer)*

Bahnpolizei *f* police des trains

Bahnsteig *m* quai

Bahnsteigkarte(n) *f* ticket de quai

Bahnübergang *m* passage à niveau

Bambussprossen *pl* pousses de bambou

Banane(n) *f* banane(s)

Band¹ (Bände) *m* volume

Band² (Bänder) *nt* ruban; bande magnétique; cassette

Band³ *f* orchestre

Bank *f* banque; banc

Bankette *f* **: Bankette nicht befahrbar** accotement non stabilisé

Bankkonto *nt* compte en banque

bar en espèces

Bar *f* bar

Bargeld *nt* argent liquide

Barscheck *m* chèque payable au comptant

Batterie *f* pile

Bauarbeiten *pl* travaux *(sur la route)*

Bauernfrühstück *nt* omelette aux pommes de terre, aux oignons et aux lardons

Bauernhof *m* ferme

Bauernsuppe *f* soupe au chou avec des saucisses

Baumwolle *f* coton

Baumwollgarn *nt* coton *(fil)*

Baustelle *f* travaux *(sur la route)*

bayerisches Kraut *nt* chou râpé préparé avec des pommes, du sucre et du vin

beachten observer; respecter

Beamte(r) *m* fonctionnaire

beantworten répondre

Becken *nt* bassin

Bedarf *m* **: bei Bedarf** s'il en est besoin

Bedarfshaltestelle *f* arrêt facultatif

bedauern regretter

bedeckt nuageux

Bedeutung *f* signification

bedienen servir; utiliser; **sich bedienen** se servir

Bedienung *f* service; **inklusive Bedienung/Bedienung inbegriffen** service compris; **mit Bedienung** service en salle uniquement (pas de self)

Bedienungsgeld *nt* : Bedienungsgeld enthalten service compris

Bedienungshinweise *pl* mode d'emploi

Bedingung *f* condition; modalité

Beefsteak *nt* bifteck

beenden terminer

Beere(n) *f* baie(s)

Beförderung *f* transport

Begrenzung(en) *f* limite(s)

begrüßen saluer; souhaiter la bienvenue

behalten garder

Behälter *m* récipient

Behandlung *f* traitement

beheizt chauffé

Behinderung *f* handicap; **mit Behinderungen muß gerechnet werden** retards à prévoir

Behörde *f* les autorités; l'administration

bei près de; chez; sur; pendant; **bei mir** chez moi

beide les deux

Beifahrersitz *m* siège passager avant

Beignet(s) *m* beignet

Beilage *f* garniture

Beispiel(e) *nt* exemple(s); **zum Beispiel** par exemple

Beitrag *m* contribution; frais d'inscription

Bekenntnis *nt* aveu

Bekleidung *f* vêtements

beladen charger

belasten charger

Belastung *f* chargement

belegt occupé; complet; **belegtes Brötchen** ≈ tartine

Beleuchtung *f* éclairage; **festliche Beleuchtung** illuminations

Belgien Belgique

belgisch belge

Belichtungsmesser *m* posemètre

beliebig n'importe quel; au choix; **beliebige Reihenfolge** dans le désordre

Belohnung *f* récompense

Bemerkung(en) *f* commentaire(s); remarque(s)

benachrichtigen informer

Benachrichtigung *f* avis

benutzen utiliser

Benzin *nt* essence

Benzinpumpe *f* pompe à essence

Beratungsstelle *f* centre d'information

berechtigt : **berechtigt zu** autorisé à

Berechtigte(r) *m/f* personne autorisée; ayant droit

Bereich *m* domaine; **im Bereich von** dans le domaine de

bereit prêt

Bereitschaftsdienst *m* service d'urgence

Berg(e) *m* montagne(s)

bergab en descendant

bergauf en montant

Bergführer *m* guide de montagne

Bergsteigen *nt* escalade; **bergsteigen** faire de l'alpinisme

Bergtour *f* randonnée en montagne; escalade

Bergwacht *f* secours en montagne

Bergwanderung *f* randonnée en montagne

Bericht(e) *m* rapport(s); communiqué(s)

berichtigen corriger

Berliner *m* beignet

Berliner Weiße *f* bière blonde très légère à laquelle on ajoute un sirop de fruits

Bernkasteler *m* vin blanc de Moselle

Beruf *m* profession

beruflich professionnel

Berufs- professionnel

Berufsverkehr *m* heure(s) de pointe

Beruhigungsmittel *nt* sédatif; tranquillisant

berühren toucher

beschädigen endommager

Beschäftigung *f* emploi; occupation

Bescheinigung *f* attestation

Beschränkung(en) *f* restriction(s)

Beschreibung *f* description

Beschwerde(n) *f* plainte(s)

besetzt occupé

Besetztzeichen *nt* tonalité 'occupé'

Besichtigungen *pl* visites

Besitzer *m* propriétaire

besondere(r/s) particulier; spécial

besonders surtout

besser mieux

Besserung(en) *f* amélioration(s); **gute Besserung** prompt rétablissement

beständig calme

bestätigen confirmer

beste(r/s) le meilleur

besteigen embarquer

bestellen réserver; commander;

neu bestellen commander à nouveau

Bestellformular *nt* bon de commande

Bestellung *f* commande

bestimmt absolument; certainement; sûrement

Bestimmungen *pl* règlement

Bestimmungsland *nt* pays de destination

Bestimmungsort *m* point de destination

Besucher *m* visiteur

Besuchszeit *f* heures de visite

Betrag *m* montant; **Betrag (dankend) erhalten** paiement reçu

betreffs concernant

betreten entrer; **Betreten verboten!** entrée interdite

Betrieb *m* affaire; **außer Betrieb** hors service

betriebsbereit en service

Bett(en) *nt* lit(s)

Bettkarte *f* coupon couchette

Bettzeug *nt* literie

bewacht gardé

bewegen bouger

Beweis *m* preuve

bewirtschaftet en état

bewölkt nuageux

bezahlen payer; régler

bezahlt payé

Bezahlung *f* paiement

Bezeichnung *f* description; **genaue Bezeichnung des Inhalts** description précise du contenu

Bezirk *m* ≈ arrondissement

Bibliothek *f* bibliothèque

Bienenstich *m* piqûre d'abeille; gâteau à la crème pâtissière ou à la crème recouvert d'amandes

Bier(e) *nt* bière(s); **Bier vom Faß** bière pression

Biergarten *m* ≈ brasserie en plein air

Bierschinken *m* saucisson (au jambon)

Bierstube *f* bar à bières; ≈ brasserie

Biersuppe *f* soupe à la bière

Bierwurst *f* saucisse de porc légèrement fumée

bieten offrir

Bild(er) *nt* image(s)

Bildschirm *m* écran

billig bon marché

Birne(n) *f* poire(s); ampoule(s)

bis jusqu'à; **von Montag bis Freitag** de lundi à vendredi; **bis jetzt** jusqu'à maintenant; **bis zu 6** jusqu'à 6; **bis bald** à bientôt

bisher jusqu'à maintenant

Biskuitrolle *f* génoise roulée

Bismarckheringe *pl* harengs préparés aux oignons

bißchen : ein bißchen un peu

bitte s'il vous plaît; **bitte?** pardon?

Bitte *f* requête

bitten demander

bitter amer; **bittere Schokolade** chocolat noir amer

Blatt (Blätter) *nt* feuille(s)

Blattsalat *m* salade verte

Blattspinat *m* épinard en branche

blau bleu; au bleu *(poisson)*

Blaukraut *nt* chou rouge

Blauschimmelkäse *m* bleu

bleiben rester; demeurer

bleichen blanchir

bleifrei sans plomb

Blinker *m* clignotant

Blitzlicht *nt* flash

Blitzlichtbirne *f* ampoule de flash

Blitzlichtwürfel *m* cube flash

Blockschrift *f* en lettres majuscules

Blumenkohl *m* chou-fleur

Blut *nt* sang

Blutdruck *m* tension artérielle

Blutgruppe *f* groupe sanguin

Blutprobe *f* analyse de sang

Blutvergiftung *f* empoisonnement du sang; septicémie

Blutwurst *f* ≈ boudin

Bockbier *nt* bière brune forte

Bocksbeutel *m* vin (blanc) sec de Franconie

Bockwurst *f* saucisse de Francfort

Bohnen *pl* haricots; **grüne Bohnen** haricots verts

Bohnensuppe *f* soupe aux haricots

Boiler *m* chauffe-eau

Boje *f* bouée; balise

Bonbon *nt* bonbon

Boot *nt* bateau

Bootsverleih *m* location de bateaux

Bord *nt* : **an Bord** à bord; **an Bord des Schiffes** à bord du navire

Bordkarte *f* carte d'embarquement

Böschung *f* berge

botanischer Garten *m* jardin botanique

Botschaft f ambassade

Bouillon f bouillon

Bowle f ≈ punch

Brat- frit; rôti

Bratapfel m pomme au four

braten frire; rôtir

Braten m rôti

Bratensaft m jus de viande

Bratfett nt graisse de friture

Brathähnchen nt poulet rôti

Brathering m hareng frit
(mangé froid)

Bratkartoffeln pl pommes de terre
sautées

Bratspieß m brochette

Bratwurst f saucisse grillée

Brauerei f brasserie

Bräune f bronzage

Brechreiz m nausée

breit large

Breite f largeur

Bremse(n) f frein(s)

bremsen freiner

Bremsflüssigkeit f liquide de freins

Bremskraftverstärker m freins
assistés

Bremslichter pl feux stop

Bremspedal nt pédale de frein

brennen brûler

Brennspiritus m alcool à brûler

Brennstoff m fuel

Brett nt planche

Brezel f bretzel

Brief m lettre; **eingeschriebener
Brief** lettre recommandée

Briefdrucksache f imprimé
(auquel on peut ajouter cinq mots)

Briefkasten m boîte à lettres

Briefmarke(n) f timbre(s)

Briefmarkenautomat m
distributeur de timbres

Briefpapier nt papier à lettres

Briefumschlag (-schläge) m
enveloppe(s)

britisch britannique

Brombeere(n) f mûre(s)

Bronchialtee m tisane pour
soigner les bronches

Brot nt pain; miche

Brötchen nt petit pain

Brücke f pont

Brüderschaft f : **Brüderschaft
trinken** fraterniser avec quelqu'un
en trinquant

Brühe f bouillon

Brunnen m puits; fontaine

brutto brut

buchen réserver

Büchersendung f envoi de livres

Buchhandlung f librairie

Büchsen- en conserve

Büchsenöffner m ouvre-boîtes

Buchstabe m lettre; **in Buchstaben**
en toutes lettres

Buchung f réservation

Bügel m cintre; **Bügel drücken!**
appuyez!

bügelfrei qui ne se repasse pas

Bundes- fédéral

Bundesrepublik f République
fédérale d'Allemagne

Bundesstraße f ≈ route nationale

Bündnerfleisch nt viande des
Grisons

bunt multicolore; **buntes Glasfenster** vitrail multicolore

Burg f château

Burgenland nt région d'Autriche renommée pour ses vins doux

bürgerlich bourgeois; **bürgerliche Küche** cuisine bourgeoise

Bürgermeister m maire

Burgunder m (vin de) Bourgogne

Büro nt agence; bureau

Bus(se) m autobus; autocar(s)

Bushaltestelle f arrêt d'autobus

Buslinie f ligne d'autobus

Buß- und Bettag m jour du repentir *(fin novembre, jour férié)*

Bustransfer m transfert *(par autocar)*

Busverbindung f service d'autobus

Butangas nt gaz butane

Butterkäse m fromage à la crème

Buttermilch f petit lait; lait caillé

Butterschmalz nt beurre clarifié

Campingführer m guide des campings

Champignon(s) m champignon(s) de Paris

Charterflug (-flüge) m vol(s) charter

chemisch chimique; **chemische Reinigung** nettoyage à sec; pressing

Chinakohl m chou chinois

Chinarestaurant nt restaurant chinois

Chips pl chips; jetons

Chorgestühl nt stalle

Christi Himmelfahrt f Ascension *(jour férié)*

Cola f Coca-Cola ®

Cremespeise f mousse

Currywurst f saucisse grillée au curry, servie avec du ketchup

da là; **nicht da** pas là

Dach(gepäck)träger m galerie *(sur une voiture)*

daheim à la maison

Dame f dame; **meine Dame** Madame; **'Damen'** 'Dames'

Damenbinde(n) f serviette(s) hygiénique(s)

Damentoilette f toilettes 'Dames'

dämpfen cuire à la vapeur; amortir *(choc)*

Dampfer m (bateau à) vapeur

Dampfnudeln pl boulettes au levain cuites dans du lait sucré

danach après

danke merci; **danke gleichfalls** à vous aussi; **nein danke** non merci

Darm m intestin

Darmgrippe f grippe intestinale

das le/la; cela; ceci; **das heißt** c'est-à-dire

Dattel(n) f datte(s)

Datum nt date

Dauer f durée

Dauerwelle f permanente

DB f Compagnie des Chemins de fer en République fédérale

DDR f République Démocratique allemande

Decke f couverture; plafond

Deckel m couverture; couvercle

demnächst très bientôt

Denkmal (-mäler) *nt* monument(s)

Deponie *f* dépôt

der le; qui

Desinfektionsmittel *nt* désinfectant

desinfizieren désinfecter

deutlich clair

deutsch allemand

Deutschland *nt* Allemagne

Devisen *pl* devises

Dezember *m* décembre

Dia(s) *nt* diapositive(s)

Diabetiker(in) *m/f* diabétique

Dichtung *f* joint d'étanchéité

dick épais; gros

Dickmilch *f* lait caillé

die la; qui

Diebstahl *m* vol

Dienst *m* service; **im Dienst** en service

Dienstag *m* mardi

dienstbereit de garde

Dienstbereitschaft *f* : **in Dienstbereitschaft** de garde

diensthabend de service

Dienstzeit *f* heures d'ouverture

Diesel(kraftstoff) *m* combustible pour moteur Diesel

Dieselmotor *m* moteur Diesel

Dieselöl *nt* huile pour moteur Diesel

diese(r/s) ce; **diese** ceux

Ding(e) *nt* chose(s)

direkt direct; **eine direkte Verbindung nach** une correspondance directe vers

Direktflug (-flüge) *m* vol(s) direct(s)

Dolmetscher *m* interprète

Dom *m* cathédrale

Donnerstag *m* jeudi

Doppelbett *nt* lit double

doppelt double

Doppelzimmer *nt* chambre pour deux

Dorf (Dörfer) *nt* village(s)

Dorsch *m* morue

dort là

Dose *f* boîte; boîte de conserves; **in Dosen** en boîte

Dosenöffner *m* ouvre-boîtes

Dosis *f* quantité; dose

Drachen *m* cerf-volant; deltaplane

Draht *m* fil

Drahtseilbahn *f* funiculaire

draußen dehors; **nach draußen gehen** aller dehors

drehen tourner; tordre

Drehzahlmesser *m* compte-tours

drei trois

Dreibettabteil *nt* compartiment à trois couchettes

Dreieck *nt* triangle

Dreikönigstag *m* Épiphanie *(jour férié)*

Dreikornbrot *nt* pain complet aux trois céréales

dringend urgent

drinnen à l'intérieur

dritte(r/s) troisième

Droge *f* drogue

Drogerie *f* droguerie

drücken appuyer; pousser; **drücken Sie den Knopf** appuyez sur le bouton

Druckknopf *m* bouton pression

Drucksache *f* imprimé

Druckschrift *f* lettres d'imprimerie

du tu

Düne(n) *f* dune(s)

dunkel foncé

dünn mince; léger

durch à travers; cuit

Durchfahrt *f* passage; traversée; **keine Durchfahrt/Durchfahrt verboten** passage interdit

Durchfall *m* diarrhée

Durchgang *m* passage; **kein Durchgang/Durchgang verboten ou nicht gestattet** passage interdit

Durchgangsverkehr *m* trafic de transit

durchgebraten bien cuit

durchgehend : durchgehender Zug train direct; **durchgehend geöffnet** ouvert sans interruption

Durchreise *f* **: auf der Durchreise** de passage

Durchsage *f* annonce

durchwählen appeler par l'automatique

dürfen avoir le droit de

Duschbad *nt* gel pour la douche

Dusche *f* douche

Dutzend *nt* douzaine

D-Zug *m* train rapide

Ebbe *f* marée basse

echt vrai; authentique

Ecke *f* coin

Edamer *m* fromage d'Édam

Edelstein *m* pierre précieuse; gemme

ehemalig ex-

Ei(er) *nt* œuf(s); **ein weiches Ei** un œuf à la coque

Eiersalat *m* salade d'œufs à la mayonnaise

Eigentum *nt* propriété

Eigentümer *m* propriétaire

Eil- urgent

Eilbrief *m* lettre exprès

Eilsendung *f* envoi en exprès

Eilzug *m* train express

Eilzustellung *f* par courrier spécial

ein un; une; **ein/aus** en marche/ arrêté

ein(e) un(e)

Einbahnstraße *f* rue à sens unique

Einbettabteil *nt* compartiment à une couchette

einbiegen tourner; **nach rechts/links einbiegen** tourner à droite/à gauche

Einbruch *m* cambriolage

einchecken enregistrer

einfach simple; **einfache Fahrkarte** aller simple

Einfahrt *f* entrée; **keine Einfahrt** entrée interdite

Einfuhr *f* importation

einführen insérer; importer

Eingang *m* entrée; porte cochère

Eingangshalle *f* hall d'entrée

ein(geschaltet) en marche

eingezogen : warten, bis die Banknote vollständig eingezogen ist attendre que le billet ait complètement disparu dans la machine

Einheit *f* unité; **der Preis pro Einheit** prix à l'unité

einige(r/s) quelque

Einkauf *m* achat; **Einkäufe** *pl* courses

einkaufen faire des courses

Einkaufszentrum *nt* centre commercial

Einladung *f* invitation

einlegen mettre

Einlieferungsschein *m* récépissé

einlösen encaisser

einordnen se ranger dans la bonne file

Einrichtungen *pl* installations

eins un

einschalten allumer

einschieben insérer

einschließlich y compris

Einschreiben *nt* lettre recommandée; **per Einschreiben** par lettre recommandée

einsteigen monter

einstellen ajuster; mettre au point; engager; arrêter

Einstieg nur mit Fahrausweis entrée réservée aux détenteurs d'un billet

Eintopf *m* plat unique

eintreten entrer

Eintritt *m* entrée; **Eintritt frei** entrée libre; **kein Eintritt/Eintritt verboten** entrée interdite

Eintrittsgeld *nt* droit d'entrée

Eintrittskarte(n) *f* billet(s)

einwerfen poster; insérer *(de l'argent)*

Einwurf *m* fente; **Einwurf 2 Mark** mettez 2 marks

einzahlen payer

Einzahlung *f* versement

Einzahlungsschein *m* récépissé de versement

Einzelbett *nt* lit d'une personne; **zwei Einzelbetten** lits jumeaux

Einzelfahrschein *m* aller simple

Einzelheit *f* détail; **Einzelheiten siehe Rückseite** détails, voir au dos

Einzelkabine *f* cabine individuelle

einzeln simple; individuel

Einzelreisende(r) *m/f* personne voyageant seule

Einzelzimmer *nt* chambre individuelle

Eis *nt* glace; **Eis am Stiel** Esquimau ®

Eisbahn *f* patinoire

Eisbecher *m* coupe glacée

Eisbein *nt* jarret de porc *(bouilli et servi avec de la choucroute)*

Eisenbahn *f* chemin de fer

Eisenbahnfähre *f* ferry-boat

Eisenwaren *pl* quincaillerie

Eiskaffee *m* café liégeois

Eistüte *f* cornet *(de glace)*

Eiswürfel *m* glaçon

Eiter *m* pus

Elastikbinde *f* bandage élastique

elektrisch électrique

Elektrizität *f* électricité

Element *nt* élément

Eltern *pl* parents

Emmentaler *m* Emmental

Empfang *m* accueil; réception

empfangen recevoir

Empfänger *m* destinataire

Empfängerabschnitt *m* reçu

Empfangsschein m accusé de réception

empfehlen recommander

empfohlen recommandé

Ende nt fin

Endstation f terminus

eng étroit; serré

englisch anglais; saignant *(viande)*

Ente f canard

enteisen dégivrer

Entenbrust f magret de canard

entfernen ôter

entfernt loin (de); **30 Kilometer entfernt** à 30 kilomètres

Entfernung f distance

entfrosten décongeler

Entgelt nt : **Entgelt für Platzreservierung im Zuschlag enthalten** la réservation est comprise dans le supplément

Enthaarungscreme f crème dépilatoire

enthalten contenir; inclus; **enthalten Frühstück, Service und MwSt** petit déjeuner, service et TVA inclus

Entlastungsroute f route de délestage

Entlastungszug m train supplémentaire

Entnahme f retrait

entnehmen retirer

entrahmt : entrahmte Milch f lait écrémé

Entrecôte nt entrecôte

Entschuldigung f excuse; excusez-moi

entsprechend correspondant à

entweder... oder... ou... ou...

Entwerter m composteur

entwickeln développer

Entzündung f inflammation

Enzian m gentiane; liqueur de gentiane

er il

Erbsen pl petits pois

Erdäpfelknödel pl boulettes de semoule et de pommes de terre

Erdäpfelnudeln pl croquettes de pommes de terre

Erdbeere(n) f fraise(s)

Erdgeschoß nt rez-de-chaussée

Erdnuß (-nüsse) f cacahuète(s)

Ereignis nt événement; occasion

erforderlich nécessaire

Erfrischungen pl rafraîchissements

erhalten recevoir

erhältlich disponible

Erkältung f rhume

Erklärung f explication

erkundigen : sich erkundigen se renseigner

erlauben permettre

Erlaubnis f permission

Erläuterung f : **Erläuterung siehe Rückseite** pour de plus amples informations, voir au dos

Erlebnis nt expérience; aventure

ermäßigt : ermäßigter Preis m prix réduit

Ermäßigung f réduction

Ersatz m substitut; remplacement

Ersatzrad nt roue de secours

Ersatzteil nt pièce de rechange

ersetzen remplacer

Erstattung *f* : **Erstattung erhalten**
remboursement bien reçu
erste(r/s) premier; **Erste Hilfe**
premiers secours
Erste-Hilfe-Ausrüstung *f* trousse
de soins d'urgence
erstklassig de premier ordre
Erwachsene(r) *m/f* adulte
Erzeugnis *nt* produits
es il/elle
eßbar comestible
essen manger
Essen *nt* aliment; repas
Essig *m* vinaigre
Eßlokal *nt* restaurant
Etage *f* étage
Etagenbad *nt* salle de bains à
l'étage
Etagenbetten *pl* lits superposés
Etagendusche *f* douche à l'étage
etwa environ; à peu près
etwas quelque chose
europäisch européen
Euroscheck *m* eurochèque
eventuell éventuel
Exemplar *nt* exemplaire

Fabrik *f* usine
Fach *nt* : **Fach ziehen/schließen**
tirez/poussez
Facharzt *m* médecin spécialiste
Fachinhalt *m* contenu du casier
Fachnummer *f* numéro du casier
Fahrausweis(e) *m* titre(s) de
transport
Fahrausweisverkauf *m* vente de
billets

Fahrbahn *f* chaussée
Fahrbahnverschmutzung *f*
route boueuse
Fähre *f* ferry
fahren conduire; aller
Fahrer *m* chauffeur; conducteur
Fahrgast *m* passager
Fahrgelderstattung *f*
remboursement des frais de
transport
Fahrgestell *nt* châssis
Fahrkarte(n) *f* billet(s)
Fahrkartenschalter *m* guichet de
vente de billets
Fahrplan *m* horaire
Fahrplanauszüge *pl* fiche horaire
individuelle
Fahrplanhinweise *pl*
renseignements sur les horaires
Fahrpreis(e) *m* prix du billet
Fahrrad (-räder) *nt* bicyclette(s)
Fahrschein(e) *m* billet(s);
Fahrscheine hier entwerten
compostez votre billet ici
Fahrscheinentwerter *m*
composteur
Fahrspur(en) *f* file(s)
Fahrstuhl *m* ascenseur
Fahrt *f* voyage; promenade;
während der Fahrt pendant la
marche; **gute Fahrt!** bon voyage!
Fahrtantritt *m* : **vor Fahrtantritt**
avant le début du voyage
Fahrtunterbrechung *f* halte
pendant le voyage
Fahrzeug *nt* véhicule
Fahrziel *nt* destination (du voyage)
Fall *m* cas; affaire; **im Falle von** en
cas de; **auf alle Fälle** en tout cas

fällig dû

falsch faux; **falscher Hase** rôti de bœuf haché préparé avec des oignons et des épices

Familie f famille

Familienname m nom de famille

Familienstand m situation familiale

Farbe f couleur; peinture

farbecht grand teint

Farbfestiger m lotion colorante et fixante

Farbfilm m pellicule couleur

farbig coloré

Farbstoff m teinture

Fasan m faisan

Fasching m carnaval

Faß nt tonneau; **vom Faß** pression

Faßbier nt bière pression

Fastnachtsdienstag m Mardi gras

Februar m février

Feder f ressort; plume

Federball m badminton

fehlen manquer

Fehler m défaut; erreur

Fehlzündung f allumage défectueux

feiern célébrer

Feiertag m jour férié

Feige(n) f figue(s)

Feinkostgeschäft nt épicerie fine

Feinschmecker m gourmet

Feinwaschmittel nt lessive pour textiles délicats

Feldsalat m mâche

Felgenbremse(n) f frein(s) sur jante

Fenchel m fenouil

Fenster nt fenêtre

Fensterplatz m (siège) côté fenêtre

Ferien pl vacances

Ferienhaus nt maison de vacances

Ferienwohnung f appartement de vacances

Fern- à distance

Ferngespräch nt communication interurbaine

Fernglas nt jumelles

Fernlicht nt feux de route (phares)

Fernsehen nt télévision

Fernsprechamt nt interurbain

Fernsprecher m téléphone public

fertig prêt; fini

Fest nt fête; soirée

festmachen fixer

festsetzen arranger

fett gras

Fett nt graisse

fettarm allégé (en matières grasses)

feucht humide

Feuer nt feu

feuergefährlich inflammable

Feuerlöscher m extincteur

Feuertreppe f escalier de secours

Feuerwehr f brigade des pompiers

Feuerwerk nt feux d'artifice

Feuerzeug nt briquet

Feuerzeugbenzin nt essence pour briquet

Feuerzeuggas nt gaz pour briquet

Fieber nt fièvre

Filet nt filet

Filetspitzen Strogonoff bœuf strogonoff

Filetsteak *nt* filet de bœuf

Filiale *f* succursale

Filter- filtre

Fisch *m* poisson

Fischauflauf *m* soufflé au poisson

Fischklöße *pl* quenelles de poisson

Fischstäbchen *pl* bâtonnets de poisson panés

Fischsuppe *f* soupe de poisson

Fitneßraum *m* salle de gymnastique et de musculation

Fitneßstudio *nt* club de gymnastique et de musculation

Fläche *f* surface

flambiert flambé

Flamme *f* flamme

Flasche *f* bouteille

Flaschenbier *nt* bière en bouteille

Flaschenöffner *m* ouvre-bouteille

Flaschenweine *pl* vins en bouteille

Fleckenmittel/Fleckenwasser *nt* détachant

Fleisch *nt* viande; chair

Fleischbrühe *f* bouillon; consommé

Fleischerei *f* boucherie

Fleischkäse *m* pâté de viande

Fleischklößchen *nt* boulette de viande

Fleischküchle *nt* boulette de viande

Fleischsalat *m* salade de saucisse à la mayonnaise

Fleischtopf *m* ragoût de viande

Fleisch- und Wurstwaren *pl* boucherie-charcuterie

Flickzeug *nt* trousse de secours pour crevaison

Fliege *f* nœud papillon; mouche

fliegen voler

fließen couler

fließend couramment; **fließend warm und kalt Wasser** eau courante chaude et froide

Flohmarkt *m* marché aux puces

Flug (Flüge) *m* vol(s)

Fluggast *m* passager

Fluggesellschaft *f* compagnie aérienne

Flughafen *m* aéroport

Flughafenbus *m* navette d'aéroport

Flugnummer *f* numéro de vol

Flugplan *m* plan de vol

Flugplanauskunft *f* information sur les horaires de vol

Flugschein(e) *m* billet(s) d'avion

Flugscheinkontrolle *f* contrôle des billets

Flugsteig *m* porte

Flugstrecke *f* itinéraire; parcours

Flugticket(s) *nt* billet(s) d'avion

Flugverbindung *f* correspondance (en avion)

Flugverkehr *m* trafic aérien

Flugzeug *nt* avion

Flunder *f* flet *(poisson)*

Fluß (Flüsse) *m* fleuve(s)

Flüssigkeit *f* liquide

Flußkrebs *m* écrevisse

Flut *f* marée (haute)

Flutlicht *nt* éclairage aux projecteurs

Folge *f* série; conséquence

folgen suivre

folgend suivant

Folie *f* : **in der Folie** en papillote

Fönen *nt* séchage des cheveux au séchoir

Forelle *f* truite; **Forelle Steiermark** truite farcie aux lardons servie avec une sauce blanche

Forellenfilet *nt* filet de truite fumée

Form *f* forme

Format *nt* taille

Formblatt *nt* formulaire

Formular *nt* formulaire

fortsetzen continuer

Foto *nt* photo

Fotoapparat *m* appareil photo

Fotogeschäft *nt* magasin photo

fotokopieren photocopier

Fracht *f* chargement; fret

Frage *f* question; **nicht in Frage** hors de question

Fragebogen *m* questionnaire

fragen demander

Frankenwein *m* vin de Franconie *(assez sec)*

Frankfurt *nt* Francfort

frankieren affranchir

Frankreich *nt* France

Franzose *m* Français

Französin *f* Française

französisch français

Frau *f* Madame; femme

Frauenarzt *m* gynécologue

Fräulein *nt* Mademoiselle

frei libre; dégagé; **im Freien** dehors; à l'extérieur

Freibad *nt* piscine découverte

Freigepäck *nt* bagages autorisés

freilassen ne rien inscrire

freimachen affranchir

Freitag *m* vendredi

Freizeichen *nt* tonalité

Freizeit *f* temps libre; loisirs

Freizeitkleidung *f* vêtements de détente

fremd étranger; étrange

Fremde(r) *m/f* étranger (étrangère)

Fremdenführer *m* guide

Fremdenverkehr *m* tourisme

Fremdenverkehrsamt/Fremden- verkehrsbüro *nt* syndicat d'initiative

Fremdenverkehrsverein *m* association de tourisme

Fremdenzimmer *nt* chambre d'hôte

Freund *m* ami; petit ami

Freundin *f* amie; petite amie

Friedhof *m* cimetière

Frikadelle(n) *f* boulette(s) de viande; hamburger

frisch frais

Frischhaltebeutel *m* sachet hermétique

Frischhaltefolie *f* film étirable

Frischkäse *m* fromage frais

Frischwurst *f* saucisse fraîche

Friseur *m* coiffeur

Frisiercreme *f* crème capillaire

Frist *f* période; dernier délai

Frisur *f* coiffure

Fronleichnam Fête-Dieu *(jour férié)*

Froschschenkel *pl* cuisses de grenouille

Frostschutzmittel *nt* antigel

Früchte *pl* fruits

Fruchteis *nt* sorbet

Früchtetee *m* tisane aux fruits

Fruchtsaft *m* jus de fruit

Fruchtsaftkonzentrat *nt* concentré de jus de fruit

früh tôt

Frühling *m* printemps

Frühlingsrolle(n) *f* rouleau(x) de printemps

Frühlingssuppe *f* soupe aux légumes et aux vermicelles

Frühstück *nt* petit déjeuner

Frühstücksbuffet *nt* petit déjeuner en self-service à volonté

Frühstücksgedeck *nt* couvert de petit déjeuner

Frühstücksraum *m* salle de petit déjeuner

Führer *m* guide

Führerschein *m* permis de conduire

Führung *f* visite guidée

Füllung *f* farce

Fundbüro *nt* (bureau des) objets trouvés

Fundsachen *pl* objets trouvés

fünf cinq

für pour; **Benzin für 50DM** 50DM d'essence

Fuß *m* pied; **zu Fuß gehen** aller à pied

Fußball *m* football

Fußbremse *f* frein à rétropédalage

Fußgänger *m* piéton

Fußgängerüberweg *m* passage clouté

Fußgängerunterführung *f* passage piétonnier souterrain

Fußgängerzone *f* zone piétonnière

Fußweg *m* sentier

füttern : nicht füttern! ne pas nourrir (les animaux)!

Gang *m* service; couloir; vitesse

Gangschaltung *f* boîte de vitesses

Gans *f* oie

Gänsebraten *m* oie rôtie

Gänseleberpastete *f* pâté de foie gras

ganz entier; total

ganztägig à plein temps

gar cuit; **nicht gar** pas assez cuit

Garantie *f* garantie; caution

Garderobe *f* vestiaire

Garnele(n) *f* crevette(s)

Garnelencocktail *f* cocktail de crevettes

Gartenlokal *nt* café avec jardin

Gärtnerei *f* Jardinerie ®

Gaskocher *m* Camping-Gaz ®

Gasse *f* allée; ruelle

Gast *m* invité; client; **für Gäste** pour les invités; pour les clients

Gästezimmer *nt* chambre d'ami

Gasthaus *nt* petit hôtel; restaurant

Gasthof *m* petit hôtel

Gaststätte *f* restaurant

Gaststube *f* salle

geändert modifié; **geänderte Abfahrtszeiten/Öffnungszeiten/ Vorfahrt** changement des horaires de départ priorité/des heures d'ouverture/de priorité

Gebäck *nt* petits gâteaux

gebackenes Goldbarschfilet *nt* filet de perche pané et doré au four

gebeizt salé; mariné; teint

geben donner

Gebiet *nt* territoire; région

Gebirge *nt* montagnes

Gebiß *nt* dentition; appareil dentaire

Gebläse *nt* soufflerie

geboren né; **geborene Kamp** née Kamp

gebraten frit; **gebratene Ente** canard rôti

Gebrauch *m* usage

gebrauchen utiliser

Gebrauchsanweisung *f* mode d'emploi

Gebraucht- d'occasion

Gebühr *f* tarif; **Gebühr bezahlt Empfänger** ne pas affranchir – port payé; **Gebühren ablesen** relever le montant

gebührenfrei gratuit; port payé

Gebührenordnung *f* tarif

gebührenpflichtig soumis à un droit; **gebührenpflichtige Verwarnung** contravention; **gebührenpflichtige Brücke** pont à péage

Geburtsdatum *nt* date de naissance

Geburtsort *m* lieu de naissance

Geburtstag *m* anniversaire

Geburtsurkunde *f* extrait d'acte de naissance

Gedeck *nt* couvert

gedünstet à la vapeur

geeignet apte

Gefahr *f* danger

gefährlich dangereux

Gefälle *nt* pente

Geflügel *nt* volaille

gefroren surgelé

gefüllt farci; **gefüllte Kalbsbrust** poitrine de veau farcie

gegebenenfalls le cas échéant

gegen contre; vers

Gegend *f* contrée; région

Gegenteil *nt* contraire

gegenüber en face de; face à

Gegenverkehr *m* circulation en sens inverse

gegrillt grillé; **gegrillter Lachs** saumon grillé

Gehacktes *nt* viande hachée

gehen aller; marcher; **wie geht es Ihnen?** comment allez-vous?

gekocht cuit; bouilli

gekühlt refroidi

Gelände *nt* terrain; site *(d'un bâtiment)*

gelb jaune

Geld *nt* argent; **Geld einwerfen** mettez l'argent

Geldautomat *m* distributeur automatique (de billets)

Geldeinwurf *m* fente

Geldrückgabe *f* (retour de) monnaie

Geldschein *m* billet (de banque)

Geldstrafe *f* contravention

Geldstück *nt* pièce

Geldwechsel *m* change; bureau de change

**Geldwechselautomat/
Geldwechsler** *m* changeur de
monnaie

gelten valoir; être en vigueur

Geltungsbereich *m* zone de
validité

Geltungsdauer *f* durée de validité

gemahlen moulu

Gemeinde *f* communauté;
paroisse

gemeinsam en commun

gemischt mélangé; **gemischter Salat**
salade composée

Gemüse *nt* légumes

genau exact; précis; exactement

Genehmigung *f* autorisation;
permission

Genf *nt* Genève

Genuß *m* plaisir

geöffnet ouvert

Gepäck *nt* bagages; **Gepäck
einlegen** mettez les bagages

Gepäckaufbewahrung *f* consigne

Gepäckausgabe *f* livraison des
bagages

Gepäckermittlung *f* guichet des
bagages

Gepäcknetz *nt* filet à bagages

Gepäckschein *m* ticket de
consigne

Gepäckschließfach *nt* consigne
automatique

Gepäckträger *m* galerie *(sur une
voiture)*; porteur

Gepäckversicherung *f* assurance
bagages

Gepäckwagen *m* fourgon à
bagages

geradeaus tout droit

Gerät *nt* appareil

geraucht/geräuchert fumé

Geräusch *nt* bruit

Gericht *nt* plat

geröstet sauté; frit; toasté; **geröstete
Mandeln** amandes grillées

Geruch *m* odeur

gesamt entier; total

Gesamt-Bruttogewicht *nt* poids
total brut

Geschäft(e) *nt* magasin(s)

Geschäftszeiten *pl* heures de
bureau

Geschenk(e) *nt* cadeau(x)

Geschenkartikel *pl* cadeaux

Geschenkgutschein *m* bon
cadeau

geschieden divorcé

Geschirrspülmittel *nt* liquide
vaisselle

Geschlecht *nt* sexe

geschlossen fermé

Geschmack *m* goût; parfum

geschmort braisé

Geschnetzeltes *nt* émincés de
veau

Geschwindigkeit *f* vitesse

Geschwindigkeitsbegrenzung *f*
limitation de vitesse

Geschwindigkeitsüberschreitung
f excès de vitesse

Gesellschaft *f* société

Gesellschaftsraum *m* salon

gesetzlich légal; **gesetzlicher
Feiertag** jour férié

Gesichtscreme *f* crème pour le
visage

Gesichtswasser *nt* lotion pour le visage

gesperrt fermé

Gespräch *nt* conversation; conversation téléphonique

gestattet autorisé

gestern hier

gesund en bonne santé

Gesundheit *f* santé

Getränk(e) *nt* boisson(s)

Getränkekarte *f* carte des boissons; carte des vins

getrennt séparément

Getriebe *nt* engrenage

getrocknet sec

Gewähr *f* : **ohne Gewähr** sans garantie

Gewicht *nt* poids

Gewürz *nt* épice; assaisonnement; **Gewürze** *pl* condiments

Gewürzgurke(n) *f* cornichon(s)

Gewürznelke(n) *f* clou(s) de girofle

Gezeiten *pl* marées

gibt : es gibt il y a

gießen verser

Gift *nt* poison

giftig vénéneux

Gitziprägel *nt* lapin pané frit

Glas *nt* verre; pot (en verre)

Glatteisgefahr *f* risque de verglas

Gleis *nt* rail; **der Zug fährt auf Gleis 3 ab** le train part du quai 3

Glocke *f* cloche

Glück *nt* bonheur; chance

Glückwunsch *m* : **herzlichen Glückwunsch!** félicitations!

Glückwunschtelegramm *nt* télégramme de félicitations

Glühbirne *f* ampoule

Glühwein *m* vin chaud épicé

Golfplatz *m* terrain de golf

Golfschläger *m* club de golf

Gottesdienst *m* culte

Grab *nt* tombe

Grad *m* degré

Gräte *f* arête

gratis gratuit

Graubrot *nt* pain de seigle

Grenze *f* limite; frontière; lisière

Grenzübergang *m* poste frontière

Griebenschmalz *nt* saindoux préparé avec des oignons et des morceaux de pomme

Grieß *m* semoule

Grießklößchen *pl* boulettes de semoule

Grießnockerlnsuppe *f* bouillon aux boulettes de semoule

Griff *m* manche; poignée

Grill *m* grill; **vom Grill** grillé; au barbecue

Grillspieß *m* brochette

Grillteller *m* assortiment de grillades

Grippe *f* grippe

grob à peu près; grossier

groß grand; gros

Großbritannien *nt* Grande-Bretagne

Großbuchstabe(n) *m* lettre(s) majuscule(s)

Größe *f* taille; hauteur

Großstadt *f* (grande) ville

grün vert; frais *(poisson)*

Grünanlage f parc
Grund m cause; raison
Gründonnerstag m jeudi saint
Grundstück nt terrain
Grünkernsuppe f potage aux grains de blé vert
Gruppenreise f voyage en groupe
Gruß m salutations
Grütze f : **rote Grütze** dessert de fruits rouges en gelée
Gulasch nt goulasch
gültig valable; **gültig ab 10. Februar** valable à partir du 10 février
Gummi m caoutchouc; élastique
günstig bon marché; avantageux
gurgeln se gargariser
Gurke(n) f concombre(s); cornichon(s)
Gürtel m ceinture
Gürtelreifen m pneu à carcasse radiale
Gußeisen nt fonte
gut bon; bien; d'accord; **guten Appetit** bon appétit; **alles Gute** tous mes vœux; bonne chance
Gutedel m vin blanc très sec
Güter pl marchandises
Güterzug m train de marchandises
Guthaben nt crédit
Gutschein m bon; coupon
Gutscheinwert m valeur du bon

Haar nt cheveux
Haarfestiger m fixateur (pour mise en plis)
Haarkur f baume après-shampooing

Haarnadelkurve f virage en épingle à cheveux
Haarschnitt m coupe de cheveux
Haartrockner m sèche-cheveux
Haarwaschmittel m shampooing
Haarwasser nt lotion capillaire
haben avoir
Hackbraten m rôti de viande hachée
Hackfleisch nt viande hachée
Hacksteak nt steak haché
Hafen m port
Hafenrundfahrt f visite du port en bateau
Haferflocken pl flocons d'avoine
Haftpflichtdeckung f couverture responsabilité civile
Haftpflichtversicherung f assurance responsabilité civile
Haftpulver nt adhésif dentaire
Haftung f responsabilité
Haftungsbeschränkung f limite de la responsabilité
Hagebuttentee m tisane au cynorhodon
Hahn m robinet; coq
Hähnchen nt poulet
halb demi; **zum halben Preis** à moitié prix
halbdurch à point
Halbpension f demi-pension
Hälfte f moitié
Hallenbad nt piscine couverte
Hals m cou; gorge
Halskette f collier
Hals-Nasen-Ohren-Arzt m oto-rhino-laryngologiste
Halsschmerzen pl mal de gorge

halt! halte!

haltbar durable

halten tenir; garder; **Halten verboten** arrêt interdit

Haltestelle f arrêt

Hammelfleisch nt mouton

Handbremse f frein à main

Handel m commerce

handgemacht fait main

Handgepäck nt bagages à main

Handschuhe pl gants

Handtasche f sac à main

Handtuch nt serviette

Handwerker m artisan

Hang m côte; colline

Hängematte f hamac

hartgekocht dur

Hase m lièvre

Haselnuß (-nüsse) f noisette(s)

häufig fréquent; courant

Haupt- principal

Hauptbahnhof m gare centrale

Haupteingang m entrée principale

Hauptgericht nt plat principal

Hauptsaison f haute saison

Hauptstadt f capitale

Hauptverkehrszeit f heure de pointe

Haus nt maison; foyer; **zu Hause** à la maison

Hausdiener m domestique

hauseigen propriété de l'hôtel

Haushaltswaren pl articles ménagers

Hausmeister m ≈ concierge

Hausnummer f numéro de rue

Hausordnung f règlement d'immeuble

Hausschlüssel m clé de la maison

Hauswein m cuvée du patron

Haut f peau

Hautarzt m dermatologue

Haxe f pied (de cochon)

Hebel m levier

Hecht m brochet

Hecktürmodell nt modèle à hayon arrière

Hefe f levure

Heftpflaster nt sparadrap

Heilbutt m flétan

Heiligabend m veille de Noël

Heilmittel nt remède

Heilpraktiker m homéopathe

Heim nt domicile; foyer

Heimatadresse f adresse personnelle; domicile

Heimatmuseum nt musée d'histoire régionale

Heimreise f voyage de retour

heiß chaud

heißen s'appeler; **wie heißen Sie?** comment vous appelez-vous?

Heißwassergerät nt chauffe-eau

Heizdecke f couverture chauffante

Heizgerät nt appareil de chauffage

Heizkörper m radiateur

Heizung f chauffage

helfen aider

hell clair; lumineux

Helm m casque

Hemd(en) nt chemise(s)

herausziehen retirer

Herbst m automne

herein à l'intérieur; entrez!

Hering m hareng; piquet

Heringstopf *m* harengs à la crème

Herr *m* monsieur; **mein Herr** Monsieur; **'Herren'** 'Messieurs'

Herrenbekleidung *f* vêtements pour hommes

Herrentoilette *f* toilettes 'Messieurs'

Herz *nt* cœur

Herzmuschel(n) *f* coque(s)

Heuriger *m* vin nouveau

Heuschnupfen *m* rhume des foins

heute aujourd'hui; **heute abend** ce soir

hier ici

hierher par ici

hiesig d'ici

Hilfe *f* aide; **Hilfe!** au secours!

Himbeere(n) *f* framboise(s)

Himbeergeist *m* eau-de-vie de framboise

hin là

hinab en bas

hinauf en haut

hinaus dehors

hinein dedans

hineinstecken rentrer; brancher

hinten derrière; **nach hinten** à l'arrière

hinter derrière

Hinter- arrière

hinterlassen laisser

Hinterradantrieb *m* traction arrière

hinüber au-delà; par-dessus

Hin- und Rückfahrt *f* aller et retour

hinunter en bas

Hinweis *m* indication

Hinweisschild *nt* panneau indicateur

Hirn *nt* cervelle

Hirsch *m* cerf

Hitze *f* chaleur

hoch haut

Hoch- surélévé

Hochsaison *f* haute saison

Hochspannung *f* haute tension

Höchst- maximum

Höchstgeschwindigkeit *f* vitesse maximum

Höchstmietdauer *f* durée maximale de location

Höchstparkdauer *f* parking autorisé jusqu'à…

Hochwasser *nt* marée haute; inondation

Hof *m* cour

Höhe *f* altitude; hauteur

höher plus haut; **höher stellen** augmenter

Höhle *f* grotte

holen aller chercher

holländisch hollandais

Holz *nt* bois

Holzkohlenbrot *nt* pain cuit au four à charbon de bois

Honig *m* miel

Honigmelone *f* melon d'hiver

hören entendre

Hörer *m* récepteur

Hörgerät *nt* appareil auditif

Hörnchen *nt* croissant

Höschenwindeln *pl* couches jetables

Hose f pantalon; **kurze Hose** shorts
Hotelführer m guide des hôtels
Hotel garni nt hôtel servant un petit déjeuner
Hotelverzeichnis nt liste des hôtels
Hubraum m cylindrée
Hubschrauber m hélicoptère
Huhn nt poulet
Hühnerauge nt œil-de-perdrix
Hühnerbrühe f bouillon de poulet
Hühnerbrust f blanc de poulet
Hühnerfrikassee nt ragoût de poulet
Hühnerkeule f cuisse de poulet
Hummer m homard
Hund m chien
hundert cent
Hupe f Klaxon ®
Husten m toux
Hustensaft m sirop pour la toux
Hustentee m tisane pour la toux
Hütte f case; abri de montagne
Hüttenkäse m fromage blanc granuleux

ich je
IC-Zuschlag m supplément (*sur les trains rapides*)
Idiotenhügel m piste pour débutants
ihr vous; à elle; son
Imbiß m en-cas
Imbißstube f snack-bar
immer toujours
Impfung f vaccination
in dans; à l'intérieur

inbegriffen compris
Industriegebiet nt zone industrielle
Informationszentrum nt centre d'information
Ingwer m gingembre
Inhalt m contenu
inklusive (y) compris
Inklusivpreise pl prix nets; prix TTC
Inland nt intérieur
Inlandsgespräch nt communication téléphonique à l'intérieur du pays
innen à l'intérieur
Innen- intérieur
Innenraum m zone intérieure
Innenstadt f centre-ville
innere(r/s) intérieur
innerhalb à l'intérieur de
Insassen(unfall)versicherung f assurance passagers
Insektenschutzmittel nt produit anti-insecte
Insel f île
insgesamt en tout
irgendwo quelque part
Irrtum m erreur
Italien nt Italie
italienisch italien

ja oui
Jacke f veste; gilet
Jägerschnitzel nt escalope de porc aux champignons
Jahr nt an; année
Jahreszeit f saison

Jahrgang m année

Jahrhundert nt siècle

jährlich annuel

Jahrmarkt m foire

Jakobsmuschel(n) f coquille(s) Saint-Jacques

Januar m janvier

jede(r/s) chacun; chaque; tout

jemand quelqu'un

jetzt maintenant

Jod nt iode

Joghurt m yaourt

Johannisbeere(n) f groseille(s); **rote Johannisbeere** groseille (rouge); **schwarze Johannisbeere** cassis

Johannisberg m vin blanc assez sec

Jubiläum nt anniversaire

Juckreiz m irritation

Jugend f jeunesse; démangeaison

Jugendherberge f auberge de jeunesse

Jugendherbergsausweis m carte d'auberge de jeunesse

Jugendliche(r) m/f jeune

Jugoslawien nt Yougoslavie

Juli m juillet

jung jeune

Junge m garçon

Junggeselle m célibataire

Juni m juin

Jura Omelette f omelette (avec fromage, jambon, pommes de terre et tomates)

Kabel nt câble

Kabeljau m cabillaud

Kabine f cabine

Kabinenbahn f funiculaire

Kaffee m café

Kaffeekanne f cafetière

Kaffeemaschine f cafetière électrique

Kaffeepause f pause-café

Kai m quai

Kaiserschmarren m crêpe au sirop et aux raisins secs

Kajüte f cabine

Kakao m cacao; chocolat chaud

Kalb nt veau

Kalbfleisch nt (viande de) veau

Kalbsbries nt ris de veau

Kalbsleber f foie de veau

Kalbsrückensteak nt escalope de veau

Kalbsschnitzel nt escalope de veau

Kaldaunen pl tripes

kalt froid; **kalte Speisen** plats froids; en-cas

Kalterersee m vin rouge léger

Kaltstartautomatik f starter automatique

Kamillentee m tisane à la camomille

Kamin m cheminée

Kamm m peigne; crête

kandiert confit

Kandis(zucker) sucre candi

Kaninchen nt lapin

Kanister m jerrycan

Kännchen Kaffee nt café (servi en cafetière)

Kanu *nt* canoë

Kapelle *f* chapelle; orchestre

Kapern *pl* câpres

Kapsel *f* capsule

kaputt cassé; hors service

Karaffe *f* carafe

Karamelbonbon(s) *nt* bonbon(s) au caramel

Karfreitag *m* vendredi saint *(jour férié)*

Karotten *pl* carottes

Karpfen *m* carpe

Karte *f* carte; billet

Kartentelefon *nt* téléphone à carte

Kartenvorverkauf *m* vente de billets à l'avance

Kartoffel(n) *f* pomme(s) de terre; **gebackene Kartoffeln/Kartoffeln in der Schale** pommes de terre au four/pommes de terre en robe des champs

Kartoffelbrei *m* purée de pommes de terre

Kartoffelklöße *pl* boulettes de pommes de terre

Kartoffelpuffer *m* crêpe de pommes de terre

Kartoffelpüree *nt* purée de pommes de terre

Kartoffelsalat *m* salade de pommes de terre

Käse *m* fromage

Käsekuchen *m* gâteau au fromage

Käseplatte *f* plateau de fromages

Kasse *f* caisse; guichet

Kasseler Rippenspeer *m* côtes de porc fumées

Kassette *f* cassette

Kassettenfilm *m* chargeur

Kassierer *m* caissier

Kassler *nt* côte de porc légèrement fumé

Kastanie *f* châtaigne; marron

Katalysator *m* pot catalytique

kaufen acheter

Käufer *m* acheteur

Kaufhaus *nt* grand magasin

Kaugummi *nt* chewing-gum

Kaution *f* caution

Kefir *m* kéfir

Kegelbahn *f* bowling

Keilriemen *m* courroie

kein(e) pas de; pas; **kein Zutritt** entrée interdite; **keine Einfahrt** entrée interdite

Keks(e) *m* biscuit(s)

Keller *m* cave

Kellner *m* serveur

Kennzeichen *nt* numéro d'immatriculation; **besondere Kennzeichen** signes particuliers

Keramik *f* poterie

Kette *f* chaîne

Keule *f* cuisse

Kilometer *m* kilomètre; **Kilometer pro Stunde (km/h)** kilomètre/heure

Kilometerzähler *m* compteur kilométrique

Kind(er) *nt* enfant(s)

Kinderarzt *m* pédiatre

Kinderbett *nt* lit d'enfant

Kinderfahrkarte *f* billet demi-tarif

Kindersicherung *f* protection enfant

Kinderteller *m* assiette pour enfant

Kino *nt* cinéma

Kinoprogramme *pl* programmes de cinéma

Kirche *f* église

Kirsche(n) *f* cerise(s)

Kirschkuchen *m* gâteau aux cerises

Kirschlikör *m* liqueur de cerise

Kirschwasser *nt* kirsch

Klage *f* plainte

klar clair; évident; net; **klare Brühe** bouillon clair

Klarer *m* alcool blanc

Klasse *f* classe; catégorie; **erster Klasse fahren** voyager en première classe; **zweite Klasse** deuxième classe; **ein Fahrschein zweiter Klasse** un billet de deuxième classe

Klebestreifen *m* bande adhésive

Klebstoff *m* colle

Kleid(er) *nt* robe(s)

Kleider *pl* vêtements

Kleiderbügel *m* cintre

Kleidung *f* vêtements

Kleidungsstück *nt* pièce de vêtement

klein petit

Kleinbus *m* minibus

Kleingeld *nt* monnaie

Kleinkunstbühne *f* cabaret

Klettern *nt* varappe

Klima *nt* climat

Klimaanlage *f* climatisation

klimatisiert climatisé

Klingel *f* sonnette

Klinke *f* poignée

klopfen frapper

Kloß *m* boulette

Kloster *nt* cloître; monastère

Knäckebrot *nt* pain suédois

Knoblauch *m* ail

Knochen *m* os

Knödel *m* boulette

Knopf *m* bouton; **Knopf drücken** appuyez sur le bouton

kochen faire bouillir; faire cuire

Kocher *m* cuisinière

Kochgelegenheit *f* ≈ coin cuisine

Kochtopf *m* casserole

koffeinfrei décaféiné

Koffer *m* valise

Kofferanhänger *m* étiquette à bagage

Kofferraum *m* coffre

Kohl *m* chou

Kohlrabi *m* chou-rave

Kohlroulade *f* chou farci

Kohlrübe *f* rutabaga

Koje *f* cabine; couchette

Kokosnuß *f* noix de coco

Köln *nt* Cologne

Kölnischwasser *nt* eau de Cologne

Kölsch *nt* bière blonde forte

Kombiwagen *m* break

kommen venir

Kommißbrot *nt* pain de seigle

Komödie *f* comédie

Kompott *nt* compote

Kondensmilch *f* lait condensé; lait concentré

Konditorei *f* pâtisserie; café

Kondom *nt* préservatif

Konfektions- de confection; prêt-à-porter

Konfession f confession
Konfitüre f confiture
König m roi
Königin f reine
Königinpastete f bouchée à la reine
königlich royal
Königsberger Klopse pl boulettes de viande avec une sauce blanche aux câpres
können pouvoir; savoir
Konserven pl conserves
Konservierungsmittel nt conservateur
Konsulat nt consulat
Kontaktlinsen pl lentilles de contact
Konto (Konten) nt compte(s) (en banque)
Kontrollabschnitt m coupon
Kontrolle f vérification; contrôle
Kontrolleuchte f voyant (lumineux)
Kontrolleur m contrôleur
kontrollieren contrôler
Konzertsaal m salle de concert
Kopfhörer m casque
Kopfkissen nt oreiller
Kopfsalat m laitue
Kopfschmerzen pl mal de tête
Kopfstütze f appuie-tête
Korb m corbeille; panier
Kordsamt m velours côtelé
Korinthe(n) f raisin(s) de Corinthe
Korken m bouchon
Korkenzieher m tire-bouchon
Korn m alcool de blé

Körper m corps
körperbehindert handicapé
Körperlotion f lotion pour le corps
Kosmetika pl cosmétiques
Kosmetiktücher pl mouchoirs en papier
kosten coûter
Kosten pl coûts; dépenses
kostenlos gratuit
Kotelett nt côtelette
Krabben pl crevettes
Krabbencocktail m cocktail de crevettes
Kräcker m biscuit salé
Kraftbrühe f consommé
Kraftfahrzeugbrief m ≈ carte grise
Kraftfahrzeugkennzeichen nt plaque d'immatriculation
Kraftfahrzeugschein m ≈ carte grise
Kraftstoff m carburant
Kraftstoffverbrauch m consommation de carburant
Krampfadern pl varices
krank malade
Krankenhaus nt hôpital
Krankenkasse f assurance maladie
Krankenschein m ≈ feuille de soins
Krankenwagen m ambulance
Krankheit f maladie
Kräuter pl herbes
Kräuterbutter f beurre aux fines herbes
Kräuterlikör m liqueur aux herbes
Kräutertee m tisane

Krautsalat *m* salade de chou

Krawatte *f* cravate

Krebs *m* crabe

Kreditkarte *f* carte de crédit

Kreis *m* cercle; rond

Kreisverkehr *m* rond-point

Kresse *f* cresson

Kreuz *nt* croix

Kreuzfahrt *f* croisière

Kreuzgang *m* cloître

Kreuznacher *m* vin blanc de la région de Nahe

Kreuzschlüssel *m* clé en croix

Kreuzung *f* carrefour; croisement

Krevetten *pl* crevettes

Kriechspur *f* voie réservée aux poids lourds

Krieg *m* guerre

Krokette(n) *f* croquette(s) de pommes de terre

Küche *f* cuisine; **warme/kalte Küche** plats chauds/froids

Kuchen *m* gâteau

Kugel *f* boule

Kugelschreiber *m* stylo bille

kühl frais

kühlen rafraîchir

Kühler *m* radiateur

Kühlschrank *m* réfrigérateur

Kühlung *f* système de refroidissement

Kühlwasser *nt* eau du radiateur

Kümmel *m* cumin; alcool de cumin

Kümmelbraten *m* rôti de bœuf parfumé au cumin

Kümmelkäse *m* fromage au cumin

Kunde *m* client

Kundendienst *m* service après-vente

Kunst- d'art; artificiel; synthétique

Kunstgalerie *f* galerie d'art

Künstler *m* artiste

künstlich artificiel; fabriqué par l'homme

Kunststoff *m* matière plastique

Kupfer *nt* cuivre

Kupplung *f* embrayage

Kurbel *f* manivelle

Kürbis *m* potiron; citrouille

Kurfestiger *m* fixateur et démêlant

Kurmittelhaus *nt* établissement thermal

Kurort *m* station thermale

Kurpackung *f* baume démêlant

Kurs *m* cours; cours du change

Kurswagen *m* voiture directe

Kurve *f* courbe; virage; tournant

kurvenreich : **kurvenreiche Strecke 200m** *f* virages sur 200 m

Kurverwaltung *f* administration d'une station thermale

kurz court; bref

Kurzschluß *m* court-circuit

Kurz(zeit)parken *nt* parc de stationnement de courte durée

Küste *f* côte; bord de mer

Küstenwache *f* garde-côte

Kutteln *pl* tripes

Labskaus *nt* porc salé avec harengs, pommes de terre et chou

Lachs *m* saumon

Lack *m* vernis

Laden *m* magasin; boutique

Ladendiebstahl *m* vol à l'étalage

Lage *f* situation

Lager *nt* camp; entrepôt; **das Lager** palier *(sur une voiture)*

Lakritze *f* réglisse

Lamm *nt* agneau

Lammkeule *f* gigot d'agneau

Lammrücken *m* selle d'agneau

Lampe *f* lampe

Land *nt* pays

landen atterrir

Landjäger *m* saucisse fumée

Landkarte *f* carte

Landschaft *f* paysage

Landstraße *f* route

Landung *f* atterrissage

Landwein *m* vin de table

lang long

Länge *f* longueur

Langlauf *m* ski de fond

langsam lent; **langsamer fahren** ralentir

Languste *f* langouste

Langzeitparken *nt* parc de stationnement de longue durée

lassen laisser faire

Last *f* charge

Lastschriftzettel *m* note de débit

Lastwagen *m* camion

Laterne *f* réverbère

Lauch *m* poireau

laufen courir

Laugenbrezel *f* bretzel

Laugenstange *f* pain recouvert d'un glaçage semblable à celui des bretzels

laut bruyant; fort; sonore

läuten sonner

Lautsprecher *m* haut-parleur

Lautstärke *f* volume

Lawine *f* avalanche

Lawinengefahr *f* danger d'avalanches

Lebensgefahr *f* danger de mort

Lebensmittel *pl* denrées alimentaires

Lebensmittelgeschäft *nt* épicerie

Lebensmittelvergiftung *f* intoxication alimentaire

Leber *f* foie

Leberkäse *m* charcuterie à base de foie

Leberknödel *m* boulette de foie

Leberpastete *f* pâté de foie

Leberwurst *f* pâté de foie

Lebkuchen *m* pain d'épices

Lederwaren *pl* maroquinerie

ledig célibataire

leer vide; à plat; en blanc

Leerlauf *m* point mort

Leerung *f* levée

legen mettre; **sich die Haare legen lassen** se faire faire une mise en plis

leicht léger; facile; facilement

Leid *nt* chagrin; **es tut mir leid** je regrette

leider malheureusement; **leider nicht** je crains que non

leihen louer; prêter

Leihgebühr *f* frais de location

Leinen *nt* lin

Leinenschlafsack *m* sac de couchage en toile

Leipziger Allerlei *nt* plat composé de petits pois, de carottes, de chou-fleur et de chou

leise bas; doucement; faible; **leiser stellen** baisser

Leitplanke *f* glissière de sécurité

Lendchen *nt* filet de porc

Lendenschnitten *pl* tournedos

Lenkrad *nt* volant

Lenkradschloß *nt* système de blocage du volant

Lenkstange *f* guidon

lernen apprendre

lesen lire

letzte(r/s) dernier; final; **letzte Nacht/Woche** la nuit dernière/la semaine dernière

Leuchtturm *m* phare

Leute *pl* gens

Licht *nt* lumière; **Licht anschalten** allumez vos phares

Lichthupe *f* appel de phares

Lichtschalter *m* commutateur

Lichtschutzfaktor *m* facteur de protection

Lidschatten *m* ombre à paupières

liebenswürdig gentil

lieber plutôt

Liebfraumilch *f* vin blanc du Rhin très doux

Lied *nt* chanson

Liegekarte *f* billet couchette

Liegestuhl *m* chaise longue

Liegewagenplatz *m* couchette

Liegewiese *f* espace réservé aux bains de soleil

Lift *m* ascenseur; remonte-pente

Likör *m* liqueur

Limburger *m* fromage aux herbes assez fort

Limonade *f* limonade

Limone *f* citron vert

Lindenblütentee *m* tilleul *(infusion)*

Linie *f* ligne; **punktierte Linie** ligne pointillée

Linienflug *m* vol régulier

Linienmaschine *f* avion de ligne

linke(r/s) gauche

links à gauche; **links abbiegen** tourner à gauche

Linkssteuerung *f* conduite à gauche

Linse *f* lentille

Linsen *pl* lentilles

Linsensuppe *f* soupe aux lentilles

Linzer Torte *f* gâteau à la confiture

Lippe *f* lèvre

Lippenstift *m* rouge à lèvres

Liptauer *m* fromage crémeux aux fines herbes, saupoudré de paprika

Liter *m* litre

LKW *m* poids lourds

Loch *nt* trou

lochen poinçonner

Locke *f* boucle

Loge *f* loge

Loipe *f* course de ski de fond

lokal : lokale Adresse *f* adresse locale

Lokal *nt* ≈ bistrot; restaurant

Lorbeer *m* laurier(-sauce)

los défait; **was ist los?** qu'est-ce qui se passe?

Los *nt* lot; billet *(de loterie)*

lösen prendre *(un billet)*

Luft *f* air

Luftdruck *m* pression atmosphérique

Luftfilter *m* filtre à air

Luftfracht *f* fret aérien

Luftkissenfahrzeug *nt* aéroglisseur

Luftmatratze *f* matelas pneumatique

Luftpost *f* : **per Luftpost** par avion

Lunge *f* poumon

Luxus *m* luxe

Lyoner *f* saucisse de veau

machen faire

Mädchen *nt* jeune fille

Mädchenname *m* nom de jeune fille

Magen *m* estomac

Magenbeschwerden *pl* maux d'estomac

Magenbitter *m* digestif

mager maigre

Mahlzeit *f* repas

Mai *m* mai

Maifeiertag *m* 1er mai *(jour férié)*

Mais *m* maïs

Maiskolben *m* épi de maïs

Makrele *f* maquereau

Mal *nt* fois

Maler *m* peintre

Maluns *pl* gratin de pommes de terre au lard fumé

Malventee *m* tisane à la mauve

Malzbier *nt* bière au malt

man on

manchmal quelquefois

Mandarine *f* mandarine

Mandel *f* amande

Mandelentzündung *f* amygdalite

Mann *m* homme; mari

Männer *pl* hommes

männlich masculin; mâle

Marke *f* marque; jeton

Markklößchen *pl* petites boulettes à la moelle de bœuf

Markt *m* marché

Marktplatz *m* place du marché

Marmelade *f* confiture

Marmor *m* marbre

März *m* mars

Masern *pl* rougeole

Maße *pl* mesures

maßgeschneidert fait sur mesure

Maßstab *m* échelle

Matetee *m* thé du Paraguay

Matjeshering *m* jeune hareng salé

Maultaschen *pl* ≈ raviolis

Mautstelle *f* poste de péage

Mechaniker *m* mécanicien

Medikament *nt* médicament

medizinisch médical

Meer *nt* mer

Meeresfische *pl* poissons de mer

Meeresfrüchte *pl* fruits de mer

Meeresspiegel *m* niveau de la mer

Meerrettich *m* raifort

Mehl *nt* farine

mehr plus

mehrere plusieurs

Mehrfahrtenkarte f billet valable sur plusieurs voyages

Mehrwertsteuer f taxe sur la valeur ajoutée

meiste(r/s) la plupart de

melden signaler

Meldeschlußzeit f dernier délai pour l'inscription

Melone f melon

Menthol- mentholé

merken remarquer

Messe f salon; messe

Meßgerät nt appareil de mesure

Metzgerei f boucherie

Miederwaren pl lingerie

Miesmuschel(n) f moule(s)

Mietbedingungen pl conditions de location

Mietdauer f durée de location

Miete f loyer

mieten louer

Mieter m locataire

Mietfahrzeug nt voiture de location

Mietgebühr f location (prix)

Mietvertrag m contrat de location

Mietwagen m voiture de location

Milch f lait

Milchkaffee m café au lait

Milchmixgetränk nt milk-shake

Milchpulver nt lait en poudre

Milchreis m riz au lait

minderjährig mineur

Mindest- minimum

Mindestalter nt âge minimum (requis)

mindestens au moins

Mindestpreis m prix minimum

Mineralbad nt bain dans une station thermale; station thermale

Mineralwasser nt eau minérale

Minute(n) f minute(s)

Minze f menthe

Mirabelle(n) f mirabelle(s)

Mischbrot nt pain fait avec plusieurs sortes de farine

Mischung f mélange

Mißbrauch m abus; **vor Mißbrauch wird gewarnt** ne pas abuser; ≈ abus dangereux

mit avec

Mitglied nt membre; **Mitglied werden von** adhérer à

Mitgliedsausweis m / **Mitgliedskarte** f carte de membre

mitnehmen emmener; **zum Mitnehmen** à emporter

Mittag m midi

Mittagessen nt déjeuner

mittags à midi

Mitte f milieu

mitteilen informer

Mitteilung f message

Mittel nt moyen; **ein Mittel gegen** un remède contre

Mittelalter nt Moyen Âge

Mittelmeer nt Méditerranée

mittels au moyen de

Mittelstreifen m bande médiane

mittlere(r/s) moyen

Mittwoch m mercredi

Mode f mode

Modeschmuck m bijou fantaisie

modisch à la mode

Mofa nt cyclomoteur

mögen aimer (bien)

möglich possible

Mohn m pavot

Möhre(n) f carotte(s)

Monat m mois

monatlich mensuel; par mois

Monatskarte f abonnement mensuel

Montag m lundi

Morcheln pl morilles

morgen demain

Morgen m matin

Moselwein m vin de Moselle

Motor m moteur

Motorboot nt bateau à moteur

Motorrad nt moto

Motorroller m scooter

Motorschaden m panne de moteur

Motorsport m course automobile

Motoryacht f yacht (à moteur)

Mücke(n) f moucheron(s)

müde fatigué

Mühe f effort

Mullbinde f bande de gaze

Mülleimer m poubelle

Müllerin Art meunière

Müller-Thurgau m vin blanc léger et fruité

München nt Munich

Mund m bouche

mündlich verbal

Mundwasser nt gargarisme

Münster nt cathédrale

Münze(n) f pièce(s) (de monnaie)

Münzfernsprecher m Taxiphone ®

Münzgeld nt : **Münzgeld einwerfen** mettez les pièces

Münzwechsler m changeur de pièces

Muscheln pl moules

Muskatnuß f noix de muscade

müssen devoir

Mutter mère

MwSt f TVA

nach après; selon; **nach Paris gehen** aller à Paris; **nach Frankreich** en France; **nach Paris abreisen** partir pour Paris

nacheinander l'un après l'autre

Nachmittag m après-midi

nachmittags dans l'après-midi

Nachnahme f : **per Nachnahme** paiement à la livraison

Nachname m nom de famille

Nachricht f note; message

Nachrichten pl nouvelles

Nachsaison f : **in der Nachsaison** à l'arrière-saison

nachsenden faire suivre

Nachspeise f dessert

nächste(r/s) suivant; **der nächste Verwandte** le plus proche parent

Nacht f nuit; **von einer Nacht** d'une nuit; **über Nacht** pendant la nuit

Nachtdienst m service de nuit

Nachtisch m dessert

Nachtleben nt vie nocturne

Nachtlokal nt boîte de nuit

Nachtportier m veilleur de nuit

Nachtschalter m guichet ouvert la nuit

Nachtzug *m* train de nuit

nachzahlen payer un supplément

nackt nu; découvert

Nagellackentferner *m* dissolvant *(vernis à ongles)*

nahe près

Nähe *f* proximité; **in der Nähe** à proximité

Nahverkehrsnetz *nt* réseau de transport de la proche banlieue

Name *m* nom; appellation

Narkose *f* anesthésie

Nase *f* nez

naß mouillé

Nationalitätskennzeichen *nt* plaque de nationalité

natur nature

Natur- naturel

Nebel *m* brume; brouillard

Nebelscheinwerfer *m* feu de brouillard

neben à côté de

Neben- secondaire

neblig brumeux

nehmen prendre; **nehmen Sie sich** servez-vous

nein non

Nelke(n) *f* œillet(s); clou(s) de girofle

nennen nommer

Nesselschlafsack *m* sac de couchage en coton

Netto- net

Nettogewicht *nt* poids net

Netz *nt* filet; réseau

neu nouveau

Neuer Wein *m* vin nouveau

neueste(r/s) récent

Neujahrstag *m* Jour de l'An *(jour férié)*

neun neuf

nicht ne... pas

Nichtraucher *m* non-fumeur

nichts rien

Nichtschwimmer *m* celui qui ne sait pas nager

nie jamais

Niederlande *pl* Pays-Bas

niedrig bas

Niedrigwasser *nt* marée basse

niemand personne

Niere(n) *f* rein; rognon

Niersteiner *m* vin blanc assez doux de la région rhénane

Nieselregen *m* bruine

nirgends nulle part

Nizzasalat *m* salade niçoise

noch toujours

Nockenwelle *f* arbre à cames

Nockerl *pl* petites boulettes sucrées

Norden *m* nord

nördlich au nord; septentrional

Nordsee *f* mer du Nord

Norm *f* norme

Normal- standard

Normal(benzin) *nt* ordinaire

Notarzt *m* médecin de garde

Notausgang *m* sortie de secours

Notbremse *f* frein de secours

Notdienstapotheke *f* pharmacie de garde

Notfall *m* cas d'urgence

notieren noter

nötig nécessaire

Notruf m appel d'urgence

Notrufsäule f poste d'appel au secours

Notsignal nt signal de détresse

notwendig indispensable

November m novembre

nüchtern sobre; **auf nüchternen Magen** à jeun

Nudeln pl pâtes; nouilles

Null f zéro

numerieren numéroter

Nummer f numéro

Nummernschild nt plaque minéralogique

nur seulement

Nuß (Nüsse) f noix

nützlich utile

ob si

oben en haut; ci-dessus

Obst nt fruit

Obstkuchen m tarte aux fruits

Obstler m eau-de-vie

Obstsalat m salade de fruits

Obstwasser nt eau-de-vie

Ochsenschwanzsuppe f soupe à la queue de bœuf

oder ou

offen ouvert; **offene Weine** vin en carafe

öffentlich public

Öffentlichkeit f le public

öffnen ouvrir; défaire

Öffnungszeiten pl horaire d'ouverture

oft souvent

ohne sans

Ohnmacht f syncope

Ohr(en) nt oreille(s)

Ohrentropfen pl gouttes pour les oreilles

Oktanzahl f indice d'octane

Oktober m octobre

Öl nt huile

Ölstand m niveau d'huile

Ölverbrauch m consommation d'huile

Ölwechsel m vidange

Oppenheimer m vin assez doux de la région rhénane

Optiker m opticien

Orangensaft m jus d'orange

Orgel f orgue

Ort m endroit; **an Ort und Stelle** sur place

örtlich local

Ortschaft f localité; **geschlossene Ortschaft** agglomération

Ortsgespräch nt communication urbaine

Ortsmitte f centre-ville

Ortszeit f heure locale

Osten m est

Ostermontag m lundi de Pâques (jour férié)

Ostern nt Pâques

Österreich nt Autriche

österreichisch autrichien

Ostersonntag m dimanche de Pâques

östlich à l'est

Paar *nt* paire; couple; **ein paar** quelques

Päckchen *nt* petit paquet

Paket *nt* paquet; colis

Paketannahme/Paketausgabe *f* bureau de réception des colis

Paketkarte *f* bordereau d'expédition

Palatschinken *pl* crêpes fourrées au fromage ou à la confiture

Pampelmuse(n) *f* pamplemousse

paniert pané

Panne *f* panne

Pannenhilfe *f* service de dépannage

Papier *nt* papier; **Papiers** *pl* papiers *(passport, etc.)*

Papiertaschentuch *nt* mouchoir en papier

Paprikaschote *f* poivron

Parfümerie *f* parfumerie

Parkdeck *nt* niveau

parken se garer; **Parken verboten** interdit de stationner

Parkett *nt* orchestre

Parkhaus *nt* parking (à étages)

Parkmöglichkeit *f* possibilité de se garer

Parkplatz *m* parking; emplacement (pour se garer); aire de stationnement

Parkscheibe *f* ≈ disque de zone bleue

Parkschein *m* ticket de parking

Parkuhr *f* parcmètre

Parkverbot *nt* : **Parkverbot Ende** fin d'interdiction de stationner

Partnerstädte *pl* villes jumelées

Paß *m* passeport; col

Passagier *m* passager; **nur für Passagiere** réservé aux passagers

Passagierschiff *nt* paquebot

passen aller; convenir

Paßkontrolle *f* contrôle des passeports

Pastete *f* pâté; tourte *(à la viande)*

Patrone *f* cartouche

pauschal forfaitaire; **bis 10 km pauschal** forfait jusqu'à 10 km

Pauschale *f*/**Pauschalpreis** *m* prix forfaitaire

Pauschalreise *f* voyage organisé

Pauschaltarif *m* tarif forfaitaire

Pause *f* pause; halte; entracte

Pellkartoffeln *pl* pommes de terre en robe des champs

Pelzwaren *pl* fourrures

Pendelverkehr *m* navette

Pension *f* pension

Personal *nt* personnel

Personalien *pl* état civil

Personenzug *m* train omnibus

persönlich personnel(lement); en personne

Petersilie *f* persil

Pfandflasche *f* bouteille consignée

Pfannengerichte *pl* plats préparés à la poêle

Pfannkuchen *m* ≈ crêpe

Pfeffer *m* poivre

Pfefferkuchen *m* pain d'épices

Pfefferminz *nt* menthe poivrée

Pfefferminzlikör *m* crème de menthe

Pfefferminztee *m* thé à la menthe

Pfeffersteak *nt* steak au poivre

Pfeil *m* flèche; fléchette

Pferderennen *nt* course de chevaux

Pfifferlinge *pl* chanterelles

Pfingsten *nt* Pentecôte

Pfingstmontag *m* lundi de Pentecôte *(jour férié)*

Pfingstsonntag *m* dimanche de Pentecôte

Pfirsich(e) *m* pêche(s)

Pflaster *nt* sparadrap

Pflaume(n) *f* prune(s)

Pflicht *f* devoir

Pforte *f* porte (cochère)

Pförtner *m* portier

Pfund *nt* livre

pikant épicé

Pils/Pilsner *nt* bière blonde

Pilz(e) *m* champignon(s)

Piste *f* piste; piste de ski

Plakette *f* plaque

planmäßig prévu

Platte *f* plat; assiette; disque

Plattfuß *m* pied plat; pneu à plat

Platz *m* place; espace; court *(de tennis)*; terrain *(de golf, de football)*; **Platz nehmen** prendre place

Platzbuchung *f* réservation

Plätzchen *nt* biscuit(s)

Platzkarte *f* réservation

Platzreservierungen *pl* réservations de places

Plombe *f* plombage

pochiert poché

Pol *m* pôle

Police *f* police *(assurance)*

Polizei *f* police

Polizeibeamte(r) *m* agent de police

Polizeiwache *f* commissariat

Polizist *m* policier

Pommes frites *pl* frites

Porree *m* poireau

Portier *m* portier

Portion *f* portion

Porto *nt* port; porto

Post *f* poste; bureau de poste; **mit der Post schicken** envoyer par la poste

Post- postal

Postamt *nt* bureau de poste

Postanweisung *f* mandat *(postal)*

Postfach *nt* boîte postale

Postgiroamt *nt* bureau de poste où on peut effectuer et recevoir des virements

Postkarte *f* carte postale

postlagernd poste restante

Postleitzahl *f* code postal

Postüberweisung *f* virement postal

Postvermerk *m* note de la poste

Postwertzeichen *nt* timbre(-poste)

Poulardenbrust *f* blanc de poulet

praktisch pratique; **praktischer Arzt** *m* (médecin) généraliste

Pralinen *pl* chocolats

Präservativ *nt* préservatif

Praxis *f* cabinet de consultation

Preis *m* prix; **Preise schließen ein** le prix comprend…

Preisänderung *f* : **Preisänderungen vorbehalten** ≈ nous nous réservons le droit de modifier nos prix

Preiselbeere(n) *f* airelle(s)

Prinzeßbohnen *pl* haricots verts

Privatgrundstück *nt* propriété privée

Privatweg *m* voie privée

pro par; **pro Stunde** de l'heure; **zweimal pro Tag** deux fois par jour; **pro Kopf** par personne; **pro Jahr** par an

probieren essayer; goûter

Programmübersicht *f* ensemble des programmes

prost! à votre santé!

Proviant *m* provisions

Provision *f* commission; frais de banque

Prozent *nt* pour cent

prüfen vérifier

Pudding *m* entremets

Puder *m* poudre

Pulver *nt* poudre

Pulverkaffee *m* café en poudre

pünktlich à l'heure; ponctuel

pur sec

Pute *f* dinde

Putenschnitzel *nt* escalope de dinde

Puter *m* dindon

Putzdienst *m* service de nettoyage

Qualität *f* qualité

Qualitätswein *m* vin d'appellation contrôlée; **Qualitätswein mit Prädikat** grand vin

Qualle *f* méduse

Quark *m* fromage blanc

Quarktasche *f* pâtisserie fourrée au fromage blanc

Quelle *f* source

Quetschung *f* bleu *(sur la peau)*

Quittung *f* reçu

Rabatt *m* remise

rabattfähig auquel on accorde un rabais

Raclette *nt* raclette

Rad *nt* roue; bicyclette

Radarkontrolle *f* contrôle radar

Räder *pl* roues

Radfahrer *m* cycliste

Radfahrweg *m* piste cyclable

Radieschen *nt* radis rouge

Radlermaß *f* panaché

Radwechsel *m* changement de roue

Rahmgeschnetzeltes *nt* émincé de veau à la crème

Rand *m* marge; bord; rebord

Randstein *m* bordure (de pierre)

Rang *m* galerie; rang

Rasen *m* pelouse

Rasierapparat *m* rasoir

Rasiercreme *f* crème à raser

Rasierklinge *f* lame de rasoir

Rasierpinsel *m* blaireau *(pour se raser)*

Rasierschaum *m* mousse à raser

Rasierseife *f* savon à barbe

Rasierwasser *nt* lotion après-rasage

Rastplatz *m* aire de pique-nique

Raststätte *f* aire de service

Rathaus *nt* hôtel de ville

Ratskeller *m* restaurant situé sous la mairie

rauchen fumer; **Rauchen verboten** interdit de fumer

Raucher *m* fumeur

Räucheraal *m* anguille fumée

Räucherlachs m saumon fumé

Räucherplatte f plat de viandes ou poissons fumés

Rauchfleisch nt viande fumée

Raum m pièce *(espace)*

räumen nettoyer; déblayer

Räumlichkeiten pl locaux

Rebhuhn nt perdrix

rechnen calculer; **rechnen Sie mit zehn Minuten, um dort hinzukommen** comptez dix minutes pour arriver jusque-là

Rechnung f addition

Rechnungsbetrag m total

rechte(r/s) (à) droite

rechts à droite; sur votre droite; **rechts abbiegen** tourner à droite; **rechts fahren** rouler à droite; **rechts vor links** priorité à droite

Rechtsanwalt m avocat; avoué

rechtzeitig à temps; **gerade noch rechtzeitig** juste à temps

reden parler

Reformationstag nt fête de la Réforme *(jour férié, le 31 octobre)*

Reformhaus nt magasin diététique

Reformkost f nourriture diététique

regelmäßig régulier

Regen m pluie

Regenbekleidung f vêtement de pluie

Regenmantel m imperméable

Regenschirm m parapluie

regnen pleuvoir; **es regnet** il pleut

Reh nt chevreuil

Rehfleisch nt viande de chevreuil

Rehkeule f cuissot de chevreuil

Rehrücken m selle de chevreuil

Reibekuchen m omelette de pommes de terre râpées

Reich nt empire

reichen faire passer; **reicht es?** est-ce que ça suffit?

reif mûr; fait à point

Reifen m pneu

Reifen(füll)druck m pression des pneus

Reifenpanne f pneu crevé; crevaison

Reihe f rangée; **Sie sind an der Reihe** c'est à vous

Reihenfolge f ordre

rein pur

reinigen nettoyer

Reinigung f pressing; **die chemische Reinigung** nettoyage à sec

Reinigungsmilch f lait démaquillant

Reis m riz

Reise f voyage; **gute Reise!** bon voyage!

Reiseandenken pl souvenirs (de voyage) *[objets]*

Reisebüro nt agence de voyage

Reiseführer m guide

Reisegepäck nt bagages

Reisekrankheit f : **reisekrank sein** avoir le mal de la route

reisen voyager

Reisende(r) m/f voyageur(euse)

Reisepaß m passeport

Reiseproviant m provisions pour le voyage

Reiseroute f itinéraire

Reisescheck m chèque de voyage

Reiseveranstalter m tour-opérateur

Reisewetterbericht *m* /
Reisewettervorhersage *f* météo
des vacances

Reiseziel *nt* destination

Reiten *nt* équitation

Remouladensoße *f* sauce
rémoulade

Rennbahn *f* hippodrome; piste

Rennen *nt* course

Rentner *m* retraité

Reparatur *f* : **in Reparatur** en
réparation

Reparaturwerkstatt *f* garage

reparieren réparer

Reserverad *nt* roue de secours

reservieren : **reservieren lassen**
réserver

Reservierung *f* réservation

Restbetrag *m* restant; reliquat

Restgeld *nt* : **Restgeld wird erstattet**
(cette machine) rend la monnaie

Rettich *m* raifort

Rettungsboot *nt* canot de
sauvetage

Rettungsflugwacht *f* secours
aérien

Rezept *nt* ordonnance; recette

rezeptpflichtig sur ordonnance
(seulement)

Rhabarber *m* rhubarbe

Rhein *m* Rhin

Rheinwein *m* vin de la vallée du
Rhin

Richtgeschwindigkeit *f* vitesse
recommandée

richtig correct; bon; authentique

Richtung *f* direction

Rinderbraten *m* rôti de bœuf

Rindfleisch *nt* viande de bœuf

Rindsrouladen *pl* roulades à la
viande de bœuf

Ringstraße *f* périphérique

Rippchen *nt* côtelette

Rochen *m* raie

Rock *m* jupe

Roggenbrot *nt* pain de seigle

roh cru

Rohkost *f* crudités

Rollbraten *m* rôti de porc roulé

Rollschuhe *pl* patins à roulettes

Rollstuhl *m* fauteuil roulant

Rolltreppe *f* escalier mécanique

romanisch roman

Röntgenaufnahme *f* radio

Rosenkohl *m* chou de Bruxelles

Rosine(n) *f* raisin(s) sec(s)

Rost *m* rouille; grill

Rostbraten *m* rôti

Rostbratwürstchen *pl* saucisses
grillées

rosten rouiller

rostfrei inoxydable

Rösti *pl* pommes de terre râpées et
sautées

Röstkartoffeln *pl* pommes de terre
sautées

Röstzwiebeln *pl* oignons frits

rot rouge; **rote Bete/Rübe** betterave;
das Rote Kreuz la Croix-Rouge

Rotbarsch *m* perche (rouge)

Röteln *pl* rubéole

Rotkohl *m* /**Rotkraut** *nt* chou
rouge

Rotwein *m* vin rouge

Rotzunge *f* flet *(poisson)*

Roulade(n) f roulade(s)

Rübe f rave

Rückenschmerzen pl mal au dos

Rückfahrkarte f billet (de) retour

Rückfahrt f voyage de retour

Rückflug m vol de retour

Rückfrage f demande de précisions complémentaires

Rückführgebühr f frais de rapatriement

Rückgabe f restitution

Rückgabeknopf m retour des pièces

Rückkehr f retour

Rücklicht nt feu arrière

Rucksack m sac à dos

Rückseite f dos

Rücksitz m siège arrière; tan-sad

Rückspiegel m rétroviseur

Rückstrahler m Cataphote ®

rückwärts en arrière

Rückwärtsgang m marche arrière

Rückzahlung f remboursement

Rückzahlungsbetrag m montant retiré

Rüdesheimer m vin blanc sec de qualité de la région du Rheingau

Rufnummer f numéro de téléphone

Ruhe f repos; paix; **Ruhe!** silence!

ruhig calme; tranquille; paisible; tranquillement

Rührei nt œufs brouillés

Ruländer m vin blanc doux avec du corps

Rummelplatz m champ de foire

Rumtopf m fruits macérés dans du rhum

rund rond; **rund um Stuttgart** Stuttgart et ses environs

Rundfahrt f visite guidée; aller et retour

Rundflug m circuit aérien

Rundfunk m radio

Rundgang m tour (à pied)

Rundreise f voyage aller et retour

Rundwanderweg m circuit pour randonneurs

russisch russe; **russische Eier** œuf(s) mayonnaise

Rutschbahn f toboggan

rutschig glissant

Saal m salle

Sache f chose

Sachen pl choses; biens

Sachertorte f gâteau au chocolat

Sackgasse f cul-de-sac

Saft m jus

saftig juteux

sagen dire

Sahne f crème Chantilly; **mit/ohne Sahne** avec/sans crème Chantilly; **saure Sahne** crème aigre

Sahnequark m fromage blanc à la crème

Sahnetorte f gâteau à la crème

Saison f saison; **außerhalb der Saison** hors saison

Saitenwurst f saucisse de Francfort

Salat m salade

Salatplatte f plateau de salades composées

Salbe f onguent

Salbei m sauge

Salz *nt* sel

salzig salé

Salzkartoffeln *pl* pommes à l'anglaise

Salzstangen *pl* sticks salés

Sammelfahrschein *m* billet collectif

Samstag *m* samedi

Sardelle(n) *f* anchois

satt rassasié

Satz *m* collection; marc de café; phrase

sauber propre

Sauerbraten *m* bœuf braisé qui a mariné dans du vinaigre

Sauerkraut *nt* choucroute

Sauerrahm *m* crème aigre

Sauerstoff *m* oxygène

S-Bahn *f* ≈ RER

Schach *nt* échecs

schade quel dommage

Schaden *m* dommage

Schadenersatz *m* dédommagement; indemnité

Schadenersatzverpflichtung *f* obligation de verser des dédommagements

schädlich nocif

Schaffner *m* contrôleur

Schalentiere *pl* crustacés

Schalldämpfer *m* (pot) silencieux

Schallplatte *f* disque

schalten changer les vitesses

Schalter *m* interrupteur; guichet

Schalterhalle *f* hall des guichets de vente

Schalthebel *m* levier de commande; levier de vitesse

Schaltknüppel *m* levier de vitesse

scharf épicé; aigu

Schaschlik *nt* brochette

schattig ombragé

Schatz *m* trésor; chéri

schätzen apprécier; estimer; **zu schätzen wissen** savoir apprécier

Schaufenster *nt* vitrine

Schaufensterbummel *m* lèche-vitrines

Schaum *m* mousse

Schaum- mousseux

Schaumbad *nt* bain moussant

Schaumfestiger *m* mousse coiffante

Schaumkur *f* baume moussant pour les cheveux

Schauspiel *nt* pièce *(de théâtre)*

Scheck *m* chèque; **einen Scheck einlösen** encaisser un chèque

Scheckbuch *nt* carnet de chèques

Scheckkarte *f* ≈ carte bancaire

Schein(e) *m* billet(s) [de banque]

scheinen briller; paraître

Scheinwerfer *m* projecteur; phare

Schellfisch *m* églefin

Schere *f* (paire de) ciseaux

Schi- *voir* **ski**

schicken envoyer

Schiene *f* attelle

Schienen *pl* rails

Schiff *nt* navire; **mit dem Schiff fahren** aller en bateau

Schiffahrtsgesellschaft *f* compagnie maritime; compagnie de navigation

Schiffskarte *f* billet

Schiffsverbindungen *pl* service de bateau de correspondance

Schild *nt* panneau

Schildkrötensuppe *f* soupe à la tortue

Schinken *m* jambon; **roher/ gekochter/geraucher Schinken** jambon cru/cuit/fumé

Schinkenhäger *m* alcool blanc

Schinkenwurst *f* saucisse au jambon

Schirm *m* visière; parapluie; paravent

Schlacht(e)platte *f* assiette anglaise

Schlachterei *f* boucherie

schlafen dormir; **schlafen Sie gut!** bonne nuit!, dormez bien!

Schlaflosigkeit *f* insomnie

Schlafmittel *nt* somnifère

Schlafsaal *m* dortoir

Schlafsack *m* sac de couchage

Schlaftablette *f* somnifère

Schlafwagen *m* wagon-lit

Schlafwagenkarte *f* (billet de) réservation pour le wagon-lit

Schlafwagenplatz *m* couchette *(dans un wagon-lit)*

Schlagsahne *f* (crème) Chantilly

Schlange *f* queue; serpent

Schlauch *m* tuyau; chambre à air

Schlauchboot *nt* bateau pneumatique

schlauchlos sans chambre à air

schlecht mauvais; mal

Schleie *f* tanche

Schlepplift *m* remonte-pente

Schleudergefahr *f* route glissante

Schleuse *f* écluse

schließen fermer

Schließfach *nt* consigne automatique

Schlitten *m* luge; traîneau

Schlittschuh(e) *m* patin(s)

Schlitz *m* fente

Schloß *nt* château; serrure

Schlummertaste *f* touche veille

Schluß *m* fin

Schlüssel *m* clé; **Schlüssel abziehen** enlever les clés

Schlüsseldienst *m* dépannage clés et serrures

Schlußleuchte *f* feu arrière

Schlußverkauf *m* soldes

Schmalz *nt* saindoux

schmecken goûter

Schmerz *m* douleur; peine

schmerzhaft douloureux

schmerzstillendes Mittel *nt*/ **Schmerztablette** *f* analgésique

schmieren lubrifier

Schmierfett *nt* lubrifiant

Schmortopf *m* casserole

Schmuck *m* bijoux; ornement; décorations

Schnaps *m* schnaps; alcool blanc

Schnecke *f* escargot

Schnee *m* neige

Schneebrille *f* lunettes de montagne

schneefrei sans neige

Schneeketten *pl* chaînes *(pour les pneus neige)*

Schneepflug *m* chasse-neige

Schneesturm *m* tempête de neige

Schneewehe f congère
schneiden couper
schneien neiger; **es schneit** il neige
schnell rapide
Schnell- à grande vitesse
Schnellgang m vitesse surmultipliée
Schnellstraße f voie rapide; voie express
Schnellzug m train rapide
Schnittlauch m ciboulette
Schnittwunde f coupure
Schnitzel nt escalope
Schnuller m tétine
Schnupfen m rhume
Schnürsenkel pl lacets
Scholle f sole
schön joli
Schonkost f régime (léger)
Schorle nt vin coupé d'eau gazeuse; **Schorle süß** vin limé
Schranke f barrière
Schraubenschlüssel m clé (à vis)
Schraubenzieher m tournevis
schreiben écrire
Schreibmaschine f machine à écrire
Schreibwarengeschäft nt papeterie
schriftlich par écrit
Schritt m pas; **Schritt fahren!** roulez au pas!
Schrittempo nt au pas
Schuh(e) m chaussure(s)
Schuhgeschäft nt magasin de chaussures
Schuhputzmittel nt cirage

schuld : **schuld sein** être coupable; **wer ist schuld daran?** à qui est-ce la faute?
Schuld f dette; culpabilité; faute; **die Schuld geben** blâmer
Schüler m élève
Schulter(n) f épaule(s)
Schuppen pl écailles; pellicules
Schüssel f coupe; plat
Schutt m : **Schuttabladen verboten** décharge interdite
schütteln secouer
Schutz m protection
Schutzbrille f lunettes de protection
schützen protéger
Schutzhütte f abri; refuge
Schutzimpfung f vaccination
schwanger enceinte
schwarz noir
Schwarztee m thé
Schwarzwälder Kirschtorte f Forêt-Noire (gâteau)
Schwarzweißfilm m film noir et blanc
Schwein nt cochon
Schweinebraten m rôti de porc
Schweinehals m collet de porc
Schweinekotelett nt côtelette de porc
Schweinelendchen nt filet de porc
Schweinerippchen nt côtelette de porc marinée
Schweinerückensteak nt steak de porc
Schweineschmalz nt saindoux
Schweinshaxe f pied de porc
Schweinsleder nt (peau de) porc

Schweiß *m* sueur

Schweiz *f* Suisse

schweizerisch suisse

Schwellung *f* gonflement

Schwenkkartoffeln *pl* pommes de terre sautées

Schwerbehinderte *pl* grands handicapés

Schwester *f* sœur; infirmière; bonne sœur

schwierig difficile

Schwierigkeit *f* difficulté; **Schwierigkeiten** difficultés

Schwimmbad/Schwimmbecken *nt* piscine

schwimmen nager

Schwimmflossen *pl* palmes *(pour nager)*

Schwimmgürtel *m* ceinture de natation avec flotteurs

Schwimmweste *f* gilet de sauvetage

sechs six

See[1] *f* mer

See[2] *m* lac

seekrank être atteint du mal de mer

Seelachs *m* colin

Seeteufel *m* lotte

Seezunge *f* sole

Segel *nt* voile

Segelboot *nt* bateau à voile

Segelfliegen *nt* vol à voile

Segelflugzeug *nt* planeur

segeln faire de la voile

Segeln *nt* yachting

sehen voir

Sehenswürdigkeiten *pl* curiosités

Seife *f* savon

Seifenpulver *nt* lessive en poudre

Seilbahn *f* funiculaire

sein être; *voir* GRAMMAIRE

seit depuis

seitdem depuis

Seite *f* page; côté

Seitenstraße *f* rue latérale; rue transversale

Seitenstreifen *m* accotement; **Seitenstreifen nicht befahrbar** accotement non stabilisé

seither depuis

Sekt *m* vin blanc mousseux

Selbstbedienung *f* : mit **Selbstbedienung** libre-service

Selbstbedienungrestaurant *nt* self

Selbstbeteiligung *f* apport personnel

Selbstbräuner *m* auto-bronzant

selbsttanken prendre de l'essence en libre-service

Selbstversorger *m* locataire

Selbstwählfernverkehr *m* service automatique interurbain

Sellerie *f* céleri

Semmelknödel *m* boulette à base de mie de pain

senden émettre; envoyer

Sendung *f* programme; émission; envoi

Senf *m* moutarde

September *m* septembre

servieren servir

Servolenkung *f* direction assistée

Sesambrötchen *nt* petit pain au sésame

Sessellift *m* télésiège

setzen placer; mettre; **sich setzen** s'asseoir; **setzen Sie sich bitte** asseyez-vous, je vous prie

sicher sûr; en sécurité; à toute épreuve

Sicherheit f sécurité

Sicherheitsgurt m ceinture de sécurité

Sicht f vue

Sichtvermerk m visa

sie elle; ils/elles

Sie vous

sieben sept

Silber nt argent

Silvester nt Saint-Sylvestre

Sitz m siège

sitzen être assis

Sitzplatz m place assise

Ski(er) m ski(s); **Ski fahren** faire du ski

Skifahren nt ski

Skihalter m porte-skis

Skihose f pantalon de ski

Skiläufer m skieur

Skilehrer m moniteur de ski

Skilift m télésiège

Skipaß m forfait

Skipiste f piste de ski

Skischule f école de ski

Skistiefel m chaussure de ski

S-Kurve f double virage

Slipeinlagen pl protège-slips

Smoking m smoking (veste)

Sodbrennen nt brûlure d'estomac

sofort aussitôt; immédiatement

Sohlen pl semelles

Sojabrot nt pain au soja

sollen devoir

Sommer m été

Sommerfahrplan m horaire d'été

Sommerreifen pl pneus (normaux)

Sonder- spécial

Sonderfahrt f excursion spéciale

Sonderpreis m prix spécial

Sonderzug m train spécial

Sonnabend m samedi

Sonne f soleil

Sonnen- de soleil

Sonnenaufgang m lever du soleil

Sonnenbrand m coup de soleil

Sonnenbrille f lunettes de soleil

Sonnenmilch f lait solaire

Sonnenschirm m parasol

Sonnenstich m insolation

Sonnenuntergang m coucher du soleil

Sonntag m dimanche

sonn- und feiertags dimanche et jours fériés

sonstig autre; **sonstige Abzüge** pl autres réductions

sorgen : sorgen für s'occuper de; pourvoir à; prendre soin de

sorgfältig soigneux; **sorgfältig aufbewahren** mettre en lieu sûr; ne pas jeter

Soße f sauce

Spannung f voltage

Sparbuch nt livret d'épargne

Spargel m asperge

Spargelspitzen pl pointes d'asperge

Sparkasse f caisse d'épargne

Sparpreis m prix économique

sparsam économique

Spaß m amusement; plaisanterie; **viel Spaß!** amusez-vous bien!

spät tard

Spätburgunder Rotwein m vin rouge qui a du corps

Spätvorstellung f deuxième représentation *(dans la soirée)*

Spätzle pl pâtes alsaciennes

Spaziergang m promenade

Speck m lard

Speise f plat; aliment

Speiseeis nt glace

Speisekarte f menu; **nach der Speisekarte** à la carte

Speiselokal nt restaurant

Speisequark m fromage blanc

Speisesaal m salle à manger

Speisewagen m wagon-restaurant

Spende f donation

Sperre f barrière

sperren barrer

Spezi nt/f mélange de Fanta ® et de Coca ®

Spezialitäten pl spécialités

Spezialitäten-Restaurant nt restaurant de spécialités

Spickbraten m rôti de bœuf entrelardé

Spiegel m miroir

Spiegelei nt œuf sur le plat

Spiegelreflexkamera f appareil photo reflex

Spiel nt jeu

Spielautomat m machine à sous

spielen jouer

Spielfilm m film

Spielplan m programme *(de théâtre)*

Spielwarenladen m magasin de jouets

Spieß m broche; **am Spieß** rôti à la broche

Spinat m épinard

Spirituosen pl spiritueux

Spirituskocher m réchaud à alcool

Spitze f dentelle; pointe

Sport(arten) m sport(s)

Sportartikel pl articles de sport

Sportkleidung f vêtements de sport

Sportplatz m terrain de sport

Sportwagen m poussette; voiture de sport

Sprache f langue

Sprachführer m guide de conversation

Sprechstunde f horaire des consultations

Sprechzimmer nt cabinet de consultation

Sprengarbeiten pl tir de mines

Spritze f piqûre; seringue

spülen tirer la chasse d'eau; rincer

Spülmittel nt liquide vaisselle

Spülung f après-shampooing; chasse d'eau

Spur f trace; marque; voie

Staatsangehörigkeit f nationalité

Stachelbeeren pl groseilles à maquereau

Stadion nt stade

Stadium nt stade

Stadt (Städte) f ville(s)

Stadtbüro nt bureau central

Stadtführung f visite guidée de la ville

städtisch urbain; municipal

Stadtmitte f centre-ville

Stadtplan m plan de la ville

Stadtrundfahrt f visite guidée de la ville

Stadtteil m quartier

Stadtzentrum nt centre-ville

Stand m stand; borne

ständig en permanence; continuellement; permanent; continuel

Standlicht nt feux de position

Standort m emplacement

Stangenbohnen pl haricots grimpants

Stangenbrot nt baguette (de pain)

Stangensellerie f céleri en branche

Starthilfekabel pl câbles de démarrage

Station f gare; station; service (dans un hôpital)

Stativ nt trépied

statt au lieu de

stattfinden avoir lieu

Staudensellerie f céleri

Staugefahr f risque d'embouteillage

Stechmücke f moustique

Steckdose f prise (de courant)

Stecker m fiche

stehen être debout

Stehplätze pl places debout

Steigung f montée

steil escarpé

Steinbutt m turbot

Steinpilz m bolet

Steinschlag m chute de pierres

Stelle f place; endroit; point

stellen mettre; placer

Stempel m cachet; tampon

stempeln tamponner

Steppdecke f couette

Stern m étoile

Sternwarte f observatoire

Steuer f impôt

steuerfrei exonéré d'impôt

steuern gouverner

steuerpflichtig imposable

Steuerung f pilotage

Stich m piqûre; point; dard

Stiefel pl bottes

Stil m style

Stimmung f humeur; atmosphère

Stirn f front

Stock m canne; bâton; étage; **der erste Stock** le premier étage

Stockung f embouteillage

Stockwerk nt étage

Stör m esturgeon

stören déranger; **bitte nicht stören** ne pas déranger

stornieren annuler

Störung f embouteillage; perturbation; dérangement

Stoßdämpfer m amortisseur

Stoßstange f pare-chocs

Stoßzeit f heure de pointe

Strafe f punition; amende

Strafmandat nt /**Strafzettel** m contravention

stramm : strammer Max m ≈ croque-madame

Strand *m* rivage; plage
Strandkorb *m* guérite (de plage)
Straße *f* route; rue; **Straße gesperrt** route barrée
Straßenbahn *f* tramway
Straßenbauarbeiten *pl* travaux *(sur la route)*
Straßenglätte *f* route glissante
Straßenkarte *f* carte routière
Straßenschäden *pl* route endommagée
Straßensperre *f* barrage routier
Straßenverkehrsordnung *f* Code de la route
Straßenzustand *m* état des routes
Straßenzustandsbericht *m* bulletin sur l'état des routes
Strecke *f* parcours; distance
Streichholzschachtel *f* boîte d'allumettes
Streichkäse *m* fromage à tartiner
Streik *m* grève
Streuselkuchen *m* sorte de génoise
Strickwaren *pl* tricot
Strom *m* courant électrique
Stromanschluß *m* raccordement du courant
Strömung *f* courant
Strümpfe *pl* bas
Strumpfhose *f* collant
Strumpfwaren *pl* bonneterie
Stück *nt* morceau; partie; **pro Stück** la pièce
Stufe *f* marche
Stunde *f* heure; leçon
stündlich par heure
Sturzhelm *m* casque de protection

Süden *m* sud
südlich au sud
Sultaninen *pl* raisins secs
Sülze *f* fromage de tête
Summe *f* somme
Super(benzin) *nt* super *(essence)*
Suppe *f* soupe
Suppenhuhn *nt* poule au pot
surfen : surfen gehen faire du surf
süß sucré
Süßigkeiten *pl* sucreries
Süßstoff *m* édulcorant
Süßwaren *pl* sucreries
Süßwasserfische *pl* poissons d'eau douce

Tabak *m* tabac
Tabakladen *m* débit de tabac
Tabelle *f* tableau
Tablette(n) *f* comprimé(s); pilule(s)
Tachometer *m* compteur (de vitesse)
Tafel *f* table; tableau; **eine Tafel Schokolade** une tablette de chocolat
Tafelwein *m* vin de table
Tag *m* jour; **jeden Tag** chaque jour
Tagesanzeiger *m* bulletin quotidien d'informations
Tagesfestpreis *m* prix de la location à la journée
Tageskarte *f* forfait journalier; carte du jour
Tagespauschale *f* forfait journalier
Tagesrückfahrkarte *f* billet retour (valable dans la journée)
Tagessuppe *f* soupe du jour

täglich quotidien

tagsüber pendant la journée

Tal *nt* vallée

Tankanzeige *f* jauge d'essence

tanken prendre de l'essence

Tankfüllmenge *f* capacité du réservoir

Tanksäule *f* pompe à essence

Tankstelle *f* station-service; **Tankstelle und Raststätte** station-service et Restoroute ®

Tanz *m* danse

Tarif *m* tarif

Tarifzone *f* zone tarifaire

Taschenbuch *nt* livre de poche

Taschendieb *m* pickpocket

Taschenlampe *f* lampe de poche

Taschenmesser *nt* canif

Taschentuch *nt* mouchoir

Tasse *f* tasse

Taste *f* : **Taste drücken** pressez le bouton

Tatar *nt* steak tartare

Tätigkeit *f* activité; occupation

Taube *f* pigeon

Taucherausrüstung *f* équipement de plongée sous-marine

tausend mille

Tauwetter *nt* dégel

Taxistand *m* borne de taxi

technisch technique; **technische Daten** *pl* données techniques

Tee *m* thé

Teebeutel *m* sachet de thé

Teich *m* étang

Teig *m* pâte

Teil *m* part

teilen partager

Teilkaskoversicherung *f* ≈ assurance aux tiers

Teilnahme *f* participation

teilnehmen participer

teilweise en partie

Telefonansagen *pl* services téléphoniques

Telefonauskunft *f* les renseignements *(au téléphone)*

Telefonbuch *nt* annuaire

Telefongespräch *nt* appel téléphonique

telefonisch par téléphone

Telefonkarte (mit Guthaben) *f* Télécarte ®

Telefonnummer *f* numéro de téléphone

Telefonverzeichnis *nt* annuaire

Telefonzelle *f* cabine téléphonique

Teleobjektiv *nt* téléobjectif

Teller *m* assiette

Temperaturanzeige *f* indicateur de température

Tempo *nt* allure

Tennishalle *f* court de tennis couvert

Tennisplatz *m* court de tennis

Tennisschläger *m* raquette de tennis

Termin *m* date; délai; rendez-vous

Terrasse *f* terrasse

teuer cher

Theater *nt* théâtre

Theaterveranstaltungen *pl* manifestations théâtrales

Theke *f* bar

Thunfisch *m* thon

Thymian *m* thym

tief profond; grave

Tiefgarage *f* parking souterrain

Tier *nt* animal

Tilsiter *m* fromage doux et crémeux au goût légèrement prononcé

Tinte *f* encre

Tintenfisch *m* seiche; calmar

Tiroler Eierspeise *f* plat à base d'œufs, de pommes de terre, d'anchois et de crème

Tisch *m* table

Tischdame *f* voisine de table

Tischtennis *nt* ping-pong

Tischwein *m* vin de table

Toastbrot *nt* pain de mie en tranches

tödlich fatal

Toiletten *pl* toilettes

Toilettenartikel *pl* articles de toilette

Toilettenpapier *nt* papier hygiénique

Tollwut *f* rage

Tomate *f* tomate

Tomatenmark *nt* concentré de tomate

Tomatensaft *m* jus de tomates

Ton *m* son; ton; argile

Tonband *nt* bande magnétique

Tonbandbegleiter *m* audio-guide

Tönung *f* mousse colorante

Topfen *m* genre de fromage blanc

Töpferei *f* poterie

Tor *nt* porte (cochère); but

Torte *f* gâteau; tarte

Tortelett *nt* tartelette

tot mort

Tourismus *m* tourisme

Touristenklasse *f* classe touriste; classe économique

Touristikschalter *m* office du tourisme

Tracht *f* costume

tragbar portable

trampen faire de l'auto-stop

Trauben *pl* raisins

Traubenzucker *m* glucose

treffen rencontrer

Treffpunkt *m* point de rencontre

trennen diviser

Treppe *f* escalier

Treppenhaus *nt* cage d'escalier

Tresor *m* coffre-fort

Tretboot *nt* Pédalo®

treten marcher sur; donner des coups de pied

Trimmdichpfad *m* parcours sportif

trinkbar potable

trinken boire

Trinkgeld *nt* pourboire

Trinkwasser *nt* eau potable

trocken sec

tropfnaß : tropfnaß aufhängen faire sécher sans tordre

Trüffel *f* truffe

Truthahn *m* dinde

tschüs salut!

Tube *f* tube

Tuch *nt* chiffon; écharpe; serviette; châle

tun faire; mettre; **das tut nichts** ça ne fait rien

Tür f porte; **Tür weit öffnen/
zumachen** ouvrez grand la porte/
fermez la porte

Turm m tour

Turnhalle f gymnase

Turnschuhe pl baskets

Tüte f sac en papier; cornet

uAwg RSVP

U-Bahn f métro

Übelkeit f nausée

über sur; au dessus de; **über Bonn
fahren** passer par Bonn

überall partout

überbacken gratiné

überbelichtet surexposé

Überfahrt f traversée

überfällig en retard

Überführung f transfert

überfüllt bondé

Übergabe f remise

übergeben remettre; donner;
sich übergeben vomir

Übergewicht nt excédent de
bagages

Überholspur f voie de
dépassement

Überholverbot nt dépassement
interdit

übermorgen après-demain

übernachten passer la nuit

Übernachtung f séjour d'une nuit;
Übernachtung und Frühstück nuit
et petit déjeuner

Übernachtungsmöglichkeit f
possibilité d'hébergement

überprüfen contrôler

Übersetzung f traduction

übertragbar transmissible

überweisen transférer

Überweisung f virement

Überzelt nt housse de protection

übrig restant

Ufer nt rive; bord

Uhr f pendule; montre; **um 3 Uhr**
à 3 heures; **es ist 4 Uhr** il est 4
heures

um autour de; **um 4 Uhr** à 4 heures

umadressieren faire un
changement d'adresse

umbuchen changer une réservation

Umgebung f environs; voisinage

Umgehungsstraße f rocade

umgekehrt vice versa; à l'opposé;
in umgekehrter Richtung en sens
inverse

Umkleidekabine f cabine
d'essayage

umleiten détourner; dévier

Umleitung f déviation

umrandet : stark umrandetes Feld
partie encadrée

Umrechnungskurs m taux de
change

Umschlag m enveloppe

umsonst gratuitement; en vain

Umsteigebahnhof m gare de
correspondance

umsteigen changer; **in Bonn
umsteigen** changer de train à Bonn

umtauschen échanger

Umweg m détour

Umwelt f environnement

Umweltverschmutzung f
pollution

Umzug *m* défilé
unaufgefordert spontanément
unbedingt absolument
Unbefugte(r) *m/f* personne non autorisée
unbegrenzt illimité; **unbegrenzte Kilometer** kilométrage illimité
unbewirtschaftet : **unbewirtschaftete Hütte** *f* abri de montagne inutilisé
und et
uneben : **unebene Fahrbahn** *f* route en mauvais état
unerläßlich indispensable
unerwünscht indésirable; importun
Unfall *m* accident
Unfallhilfsstelle *f* poste de secours
Unfallschäden *pl* dégâts
ungefähr environ; **ungefähr FF 100** environ 100 F
Unglück *nt* accident
ungültig périmé; **ungültig werden** expirer
Unkosten *pl* faux frais
unmöglich impossible
unregelmäßig irrégulier
unreif vert
unsicher incertain
unten en bas; dessous; **nach unten** en bas
unter au-dessous de; parmi
unterbelichtet sous-exposé
unterbrechen interrompre
Unterbrecherkontakt *m* interrupteur de contact
unterbringen loger
untere(r/s) plus bas

Unterführung *f* passage souterrain
Untergeschoß *nt* sous-sol
Unterhaltung *f* amusement; discussion
Unterkunft *f* logement
Unterschied *m* différence
unterschreiben signer
Unterschrift *f* signature
unterste(r/s) le plus bas
unterstreichen souligner
Untersuchung *f* analyse; examen médical
Untertitel *m* sous-titre
unterwegs en chemin
unterzeichnen signer
Unterzeichnete(r) *m/f* soussigné
unverbindlich sans obligation
unwohl indisposé; **sich unwohl fühlen** ne pas se sentir bien
Urlaub *m* congé; vacances; **auf Urlaub** en vacances; en congé
Urlauber *m* vacancier
Urlaubsort *m* centre de vacances
Ursache *f* cause
Ursprung *m* origine
ursprünglich à l'origine
Ursprungsland *nt* pays d'origine

Vanilleeis *nt* glace à la vanille
Varietévorführung *f* variétés
Vater père
vegetarisch végétarien
Veitshoechheimer *m* vin de qualité de Franconie
Ventil *nt* valve
Venusmuschel(n) *f* praire(s)
Verabredung *f* rendez-vous

Veränderung f changement
veranlassen causer
Veranstalter m organisateur
Veranstaltungen pl événements
Veranstaltungskalender m
programme des manifestations
culturelles
Veranstaltungsprogramm nt
guide des spectacles
verantwortlich responsable
Verband m association;
pansement
Verbandkasten m / **Verbandzeug**
nt trousse de premiers secours
verbieten interdire
verbinden relier
Verbindung f service; ligne; **sich in
Verbindung setzen mit** se mettre en
rapport avec
verbleit au plomb
Verbot nt interdiction
verboten interdit
Verbrauch m consommation
Verbrennung f brûlure
verbringen passer
verdaulich digestible
verderben abîmer; gâcher
verdienen mériter; gagner
verdorben pourri; avarié
verdünnen diluer
Verein m club
vereinbaren convenir de
Vereinigtes Königreich nt
Royaume-Uni
**Vereinigte Staaten (von
Amerika)** pl États-Unis
(d'Amérique)

Verfallsdatum nt date
d'expiration; date de péremption
Verfassung f constitution; état
Verfügung f disposition; **zur
Verfügung** à la disposition de
Vergangenheit f passé
Vergaser m carburateur
vergessen oublier
Vergnügen nt distraction; plaisir;
viel Vergnügen! amusez-vous
bien!
Vergnügungsdampfer m bateau
de plaisance
Vergnügungspark m parc
d'attractions
vergoldet plaqué or
Vergrößerung f agrandissement
verheiratet marié
verhindern empêcher
Verhütungsmittel nt contraceptif
Verkauf m vente
verkaufen vendre
Verkäufer(in) m(f) vendeur(euse)
verkäuflich vendable
Verkaufsautomat m distributeur
automatique
Verkehr m circulation
verkehren circuler; fréquenter
Verkehrsbüro nt syndicat
d'initiative
Verkehrsführung f :
Verkehrsführung geändert
attention, déviation
Verkehrspolizist m agent de la
circulation
Verkehrszeichen nt panneau de
signalisation

verkehrt faux; **verkehrt herum** à l'envers; **verkehrt nicht täglich** ne circule pas tous les jours

verlangen exiger

verlängern renouveler

Verleih *m* location

Verletzung *f* blessure

verlieren perdre

verlobt fiancé

Verlust *m* perte

vermeiden éviter

Vermerk *m* remarque

vermieten louer; **zu vermieten** à louer

Vermittlung *f* standard

Verpackung *f* emballage

Verpflegung *f* provisions

Verrechnungsscheck *m* chèque barré

verreisen partir en voyage

Verrenkung *f* entorse

verschieben remettre

verschieden varié; différent

Verschleiß *m* usure

verschreiben prescrire

verschreibungspflichtig sur ordonnance (seulement)

Versicherer *m* assureur

versichern assurer

Versicherung *f* assurance

Versicherungsbedingungen *pl* conditions d'assurance

Versicherungskarte *f* carte d'assurance; **grüne Versicherungskarte** carte verte (d'assurance)

versilbert plaqué argent

versorgen s'occuper de; **jemanden mit etwas versorgen** procurer quelque chose à quelqu'un

verspäten : sich verspäten être en retard

Verspätung *f* retard; **der Zug hat Verspätung** le train est en retard

verstauchen se faire une entorse

verstehen comprendre

Verstopfung *f* obstruction; **Verstopfung haben** être constipé

Vertrag *m* contrat

verunglücken avoir un accident

Verwandte(r) *m/f* parent

verwechseln confondre

verwenden utiliser

Verwendung *f* usage

verwitwet veuf

verzehren consommer

Verzeichnis *nt* liste

Verzeihung! pardon!; excusez-moi!

verzögern retarder

verzollen déclarer; **nichts zu verzollen** rien à déclarer

viel beaucoup

vielleicht peut-être

vier quatre

Viertel *nt* quart

Viertelstunde *f* quart d'heure

vierzehn quatorze; **vierzehn Tage** une quinzaine

Visum *nt* visa

Völkerkundemuseum *nt* musée d'ethnologie

Volkslied *nt* chanson populaire

Volkstanz *m* danse folklorique

voll plein

vollendet accompli; **nach vollendetem 6. Lebensjahr** âgé de 6 ans révolus

Vollkaskoversicherung f assurance tous risques

Vollkornbrot nt pain complet

Vollmacht f mandat

Vollmilchschokolade f chocolat au lait

Vollpension f pension complète

vollständig complet

volltanken faire le plein

Vollwaschmittel nt lessive toutes températures

von de

vor devant; avant; **vor 4 Jahren** il y a 4 ans

Voranzeige f avis préalable

voraus devant; **im voraus** à l'avance

voraussichtlich probablement

vorbei passé

vorbestellen réserver

Vorbestellung f réservation

Vorder- devant

Vorderradantrieb m traction avant

Vorderseite f façade

Vordruck m formulaire

Vorfahrt f priorité; **Vorfahrt achten** cédez le passage; **die Vorfahrt beachten** respecter la priorité

Vorfahrtsstraße f route prioritaire; vous avez la priorité

Vorführung f démonstration; présentation

vorgekocht précuit

vorgestern avant-hier

vorhanden disponible

vorher avant

Vorhersage f prévisions

vorläufig temporairement

vorletzte(r/s) l'avant-dernier

vormittags le matin

vorn à l'avant

Vorname m prénom

Vorortbahn f train de banlieue

Vorrat m provisions

Vorsaison f avant-saison

Vorschau f aperçu

Vorschlag m proposition; suggestion

Vorschrift f règlement

Vorsicht f soin; précaution; **Vorsicht!** attention!; soyez prudent!; **Vorsicht! Stufe!** attention à la marche!

Vorspeise f hors-d'œuvre

Vorstellung f présentation; représentation

Vorteil m avantage; bénéfice

vorübergehend temporairement

Vor- und Zuname m prénom et nom de famille

Vorverkauf m vente de billets à l'avance

Vorverkaufskasse/Vorverkaufsstelle f guichet de vente de billets à l'avance

Vorwahl(nummer) f indicatif

vorwärts en avant

Wacholder *m* genièvre

Wachs *nt* cire

Wachsbohnen *pl* haricots blancs

Wachtel *f* caille

Wackelpeter *m* dessert en gelée

Waffel *f* gaufre

Wagen *m* voiture; wagon

Wagenheber *m* cric

Wagentyp *m* type de voiture

Wagenübernahme *f* location de voiture

Wagenwäsche *f* lavage de voiture

Wahl *f* choix; élection

wählen composer; choisir; élire; voter

während pendant; alors que

wahrscheinlich probable; probablement

Währung *f* monnaie

Wahrzeichen *nt* emblème

Wald *m* bois; forêt

Waldlehrpfad *m* sentier pédagogique

Waldorfsalat *m* salade composée de céleri, noix et pommes

Waldpilze *pl* champignons des bois

Waldsportpfad *m* parcours santé

Walnuß (-nüsse) *f* noix

Wandern *nt* randonnée

Wanderung *f* randonnée

Wanderweg *m* sentier de randonnée

wann quand

Ware *f* article; **Waren** *pl* marchandises

Warenmuster *nt*/**Warenprobe** *f* échantillon

Warensendung *f* envoi de marchandises

warm chaud; **warme Getränke** boissons chaudes

Warndreieck *nt* triangle de sécurité

Warnlichtanlage *f* feux de détresse

Warnung *f* mise en garde

Wartehalle *f* salle d'attente

Warteliste *f* liste d'attente

warten attendre

Wartesaal *m* salle d'attente

Wartung *f* entretien; maintenance

warum pourquoi

was quoi

waschbar lavable

Waschbecken *nt* lavabo

Wäsche *f.* lavage; literie; lessive; **schmutzige Wäsche** linge sale

waschecht grand teint

waschen laver; **Waschen und Legen** shampooing et mise en plis

Waschgelegenheit *f* coin lavabo

Waschmittel *nt* détergent

Waschraum *m* salle d'eau

Waschsalon *m* laverie automatique

Waschstrasse *f* lavage (de voiture) automatique

Wasser *nt* eau; **destilliertes Wasser** eau distillée

Wasseranschluß *m* point d'eau

wasserdicht imperméable

Wassermelone *f* pastèque

Wasserski *m* : **Wasserski laufen** faire du ski nautique

wasserundurchlässig imperméable

Watte *f* coton *(hydrophile)*

Wechsel *m* bureau de change

Wechselgeld *nt* change

Wechselkurs *m* taux de change

wechseln changer; rendre la monnaie

Weckdienst *m* service réveil

Wecker *m* réveil

Weckklöße *pl* boulettes de pain

weder... noch ni... ni

weg parti

Weg *m* sentier; chemin; **auf dem Weg nach** en route pour

wegen à cause de

Wegweiser *m* panneau indicateur

weh : **weh tun** faire mal; **sich weh tun** se blesser

weiblich femelle; féminin

Weichkäse *m* fromage crémeux

Weihnachten *nt* Noël

Weihnachts(feier)tag *m* : **der erste Weihnachtstag** jour de Noël; **der zweite Weihnachtstag** le 26 décembre *(jour férié)*

weil parce que

Wein *m* vin

Weinberg *m* vignoble

Weinbergschnecken *pl* escargots

Weinbrand *m* ≈ cognac

Weinkeller *m* cave à vin

Weinkraut *nt* choucroute

Weinprobe *f* dégustation de vins

Weinstube *f* bar à vins

Weintrauben *pl* raisins

weiß blanc

Weißbier *nt* bière légère fabriquée avec une levure très fermentée

Weißbrot *nt* pain blanc

Weißkohl *m* /**Weißkraut** *nt* chou blanc

Weißwein *m* vin blanc

Weißwurst *f* ≈ boudin blanc

weit loin; large; **bei weitem** de loin

weiter plus loin; **weitere Fahrer** *pl* autres chauffeurs

Weiterflug *m* continuation du vol

Weizen *m* blé

Weizenbier *nt* bière fabriquée avec une levure très fermentée

welche(r/s) quel; lequel

wem à qui

Wende *f* virage

wenden tourner; **wenden Sie sich an...** adressez-vous à... ; veuillez voir...

Wendeplatz *m* /**Wendefläche** *f* espace pour tourner

wenig peu; **ein wenig** un peu

wenige peu

wenigstens au moins

wenn si; quand

wer qui

werden devenir; **schlecht werden** se gâter

werfen lancer

Werft *f* chantier naval

Werk *nt* usine; œuvre

Werkstatt *f* atelier

werktags les jours ouvrables

Werkzeug *nt* outil; outillage

wert d'une valeur de

Wert *m* valeur

Wertangabe *f* déclaration de valeur; **Sendung mit Wertangabe** envoi recommandé avec valeur déclarée

Wertbrief *m* lettre à valeur déclarée

Wertgegenstände *pl* objets de valeur

Wertzeichen *nt* timbre(-poste)

Westen *m* ouest

westlich à l'ouest

Wetter *nt* temps

Wetterbericht *m* météo

Wettervorhersage *f* prévisions météorologiques

wichtig important

Wickelraum *m* nursery (espace pour la mère et l'enfant)

widerrechtlich : widerrechtlich geparkte Fahrzeuge werden kostenpflichtig abgeschleppt les véhicules en stationnement gênant seront mis en fourrière

wie comme; comment

wieder encore une fois

wiederholen répéter

Wiederholung *f* répétition

Wiedersehen *nt* **: auf Wiedersehen** au revoir

wiegen peser

Wien *nt* Vienne

Wiener Fischfilets *pl* filets de poisson à la crème aigre

Wiener Schnitzel *nt* escalope viennoise

Wiener Würstchen *nt* saucisse de Francfort

Wiese *f* pré

wieviel combien

Wild *nt* gibier

Wildbraten *m* rôti de gibier

Wildgulasch *nt* ragoût de gibier

Wildleder *nt* daim

Wildsuppe *f* soupe de gibier

willkommen bienvenue

Windbeutel *m* chou à la crème

Windel *f* couche

Windschutzscheibe *f* pare-brise

Windstärke *f* force du vent

windsurfen faire de la planche à voile

Winter *m* hiver

Winterausrüstung *f* équipement neige pour les pneus

Winterfahrplan *m* horaire d'hiver

Winterreifen *pl* pneus neige

Wintersport *m* sports d'hiver

Wintersportwetterbericht *m* bulletin d'enneigement

wir nous

wirksam efficace

Wirkung *f* effet

Wirt *m* patron

Wirtin *f* patronne

Wirtschaft *f* ≈ bar; auberge

Wirtshaus *nt* auberge

wissen savoir

wo où

Woche *f* semaine

Wochenende *nt* week-end

Wochenendpauschale f forfait week-end avec kilométrage illimité

Wochenendtarif m forfait week-end

Wochenpauschale f forfait hebdomadaire illimité

Wochentag m jour ouvrable

wöchentlich par semaine; hebdomadaire

woher d'où

wohin où

Wohnadresse f adresse du domicile permanent

wohnen habiter

Wohnheim nt résidence universitaire; foyer

Wohnmobil nt ≈ caravane

Wohnort m /**Wohnsitz** m lieu de résidence

Wohnung f appartement; résidence

Wohnwagen m caravane

wolkig nuageux

Woll- en laine

Wolldecke f couverture en laine

Wolle f laine

wollen vouloir

Wollwaschmittel nt lessive pour lainages

Wörterbuch nt dictionnaire

Wunde f blessure

Würfel m dé; cube

Wurst f saucisse; **rote Wurst** saucisson à cuire

Würstchen nt petite saucisse; saucisse de Francfort

Wurstplatte f assiette anglaise

Wurstsalat m salade de saucisse

Württemberger Wein m vin assez sec de la région de Stuttgart

würzen assaisonner

würzig épicé

Würzmischung f assaisonnement

Yachthafen m marina; port de plaisance

Zahl f chiffre

zahlbar payable

zahlen payer

zählen compter

Zähler m compteur

Zahlkarte f mandat postal

Zahlung f paiement

Zahn m dent

Zahnarzt m dentiste

Zahnbürste f brosse à dents

Zahncreme f dentifrice

Zähne pl dents

Zahnfleischbluten nt gingivite

Zahnschmerzen pl mal de dents

Zahnstocher m cure-dent

Zange f pinces

Zäpfchen nt suppositoire

Zapfsäule f pompe à essence

zart tendre; délicat

z.B. par exemple

zehn dix

Zeichen nt signe

Zeichenerklärung f légende

Zeichentrickfilm m dessin animé

zeigen montrer; **auf etwas zeigen** montrer quelque chose

Zeit f temps; **Zeit und Kilometer** temps et kilométrage

Zeitansage f horloge parlante

Zeitkarte f carte d'abonnement

Zeitraum m période

Zeitschrift f magazine

Zeitung f journal

Zelt nt tente

Zeltboden m tapis de sol

zelten camper

Zeltplatz m camping

Zentrale f siège; standard

Zentralverriegelung f verrouillage central

Zentrum nt centre

zerbrechlich fragile

zerlassen : zerlassene Butter beurre fondu

zerstören détruire

Zeug nt choses

Zeugnis nt certificat

Ziegenleder nt chevreau

ziehen tirer

Ziel nt destination; but; objectif; **Ziel suchen** chercher la destination

Zielbahnhof m gare d'arrivée

Zieltaste f bouton pour sélectionner la destination

ziemlich assez; **ziemlich groß** assez grand

Ziffer(n) f chiffre(s)

Zigarette(n) f cigarette(s)

Zigarettenpapier nt papier à cigarette

Zigarre(n) f cigare(s)

Zigeunersteak nt steak préparé avec une sauce épicée aux poivrons

Zimmer nt chambre; pièce; **freies Zimmer** chambre libre

Zimmer- de chambre(s)

Zimmermädchen nt femme de chambre

Zimmernachweis m annuaire spécialisé dans l'hébergement

Zimmerservice m service d'étage

Zimt m cannelle

Zinn nt fer-blanc; étain

Zirkus m cirque

Zitrone f citron

Zitronensaft m jus de citron

Zoll m douane; droit de douane

Zollabfertigung f dédouanement

Zollamt nt bureau des douanes

Zollbeamte(r) m douanier

zollfrei hors taxes

Zollgebühren pl droits de douane

Zoll(inhalts)erklärung f déclaration en douane

Zollkontrolle f contrôle douanier

zollpflichtig soumis aux droits de douane

zu vers; fermé; trop; **zu mieten** à louer; **zu verkaufen** à vendre; **zu den Zügen** accès aux trains

Zubehör nt accessoires

Zubringerdienste pl service de navette; services de bus/trains/taxis de l'aéroport

Zucchini pl courgettes

Zucker m sucre

Zuckerguß m glaçage

Zuckerkrankheit f diabète

zuerst en premier lieu; d'abord

zufrieden content; satisfait

Zug m train

Zugang m accès

Zugbegleiter m accompagnateur; horaire du train

Zugbegleitpersonal nt personnel commercial

Zugrestaurant nt restaurant

zulässig admissible; **zulässiges Gesamtgewicht** poids maximum autorisé; **zulässige Höchstgeschwindigkeit** limite maximum de vitesse

Zuname m nom de famille

Zündhölzer pl allumettes

Zündkerze(n) f bougie(s)

Zündschloß nt contact

Zündschlüssel m clé de contact

Zündung f allumage

Zunge f langue

zurück en arrière

zurückgeben rendre

zurücklegen parcourir; remettre

zurückrufen rappeler

zurückzahlen rembourser

zusammen ensemble

zusätzlich supplémentaire; additionnel

Zusatztag m jour supplémentaire

Zuschauer pl public

Zuschauerterrasse f belvédère

Zuschlag m augmentation; supplément; surtaxe; **Zuschlag erforderlich** avec supplément

zuschlagpflichtig avec supplément

zuschließen fermer *(à clé)*

Zustand m état

zuständig responsable

Zusteigebahnhof m gare desservie

Zustellung f distribution

Zutaten pl ingrédients

Zutritt m accès

zuverlässig sûr

zuviel trop

zuzüglich en sus

Zweck m but; **es hat keinen Zweck** ça ne sert à rien

zwei deux

Zweibettabteil nt compartiment à deux lits

Zweibettkabine f cabine à deux lits

Zweigstelle f succursale

zweimal deux fois

zweite(r/s) deuxième; **zweiter Stock** deuxième étage

Zwetschge(n) f quetsche(s)

Zwetschgenwasser nt eau-de-vie de quetsche

Zwetschkenknödel pl boulettes aux quetsches

Zwieback m biscotte

Zwiebel(n) f oignon(s)

Zwiebelsuppe f soupe à l'oignon

zwischen entre

Zwischenlandung f escale

Zwischenrippenstück nt bifteck d'aloyau

Zwischenstecker m adaptateur

Zwischenstop m courte escale

Zwischensumme f sous-total

Achevé d'imprimer par l'imprimerie
Maury-Eurolivres S.A. à Manchecourt
Avril 1995 – NO d'éditeur : 18534
Dépôt légal : avril 1995 – N° d'imprimeur : 95/03/M 6283

Imprimé en France - (Printed in France)